新HSK로 시작하는

중국어 첫걸음

新HSK 1·2급

新HSK와 기초중국어를
이 책 한 권으로 OK!

MP3 무료다운
www.donginrang.co.kr

동인랑

KB137951

중국어 첫걸음은 기본! 덩달아 新 HSK 1, 2급이 저절로!

★ **중국어의 기본**인 **문자와 발음, 성조부터** 시작!
원어민 녹음을 들으면서 기본적인 문자부터 쉽게 시작한다.

★ **회화 + 단어 + 문법 + 한자를 모두 한 번에!**
기초회화와 회화에 꼭 필요한 간단한 문법해설
그리고 꼭 외워야 할 필수한자만 엄선하여 쓰기연습까지 OK!

★ **중국어 첫걸음 + 중국어의 토익 완벽대비**
첫걸음을 마스터하면 덩달아 중국어의 토익인 新 HSK 1,2급까지 완벽대비

덩달아 新 HSK 1,2급이 저절로 따라온다.

글로벌 시대의 중심국 중국!
세계 경제와 정치의 중심인 중국과 바로 옆에 있다는 것은 우리에게는 기회chance 이자
큰 이점이다. 물론, 그에 걸 맞는 스펙을 준비하는 사람들에게 해당하는 말이다.

이제 영어는 기본이 된 시대에서, 우리들은 제2외국어를 준비해야만 한다.
그 중 탑Top 을 달리는 언어는 말할 것도 없이 중국어이다.
스펙을 쌓기 위해서든, 취미를 위해서든, 여행을 위해서든 중국어를 할 수 있다는 것은
큰 장점이 되며, 우리의 삶을 더욱 즐겁고 이롭게 해준다.
노력하는 사람을 이기는 자는 즐기는 사람을 이길 수 없다.
처음부터 너무 많은 욕심과 기대를 버리고 첫걸음을 통해 중국어의 문자와 발음
그 나라의 언어와 문화를 간접적으로나마 체험할 수 있다면
여러분은 재미있게 즐기면서 중국어를 접하고 꾸준히 해 나갈 수 있을 것이다.

특히 이 책은,
**첫걸음만 공부하면 덩달아 新 HSK 1, 2급 마저 저절로 준비되어 질 수 있도록
체계적으로 본문을 구성한 국내 유일의 책**이다.
시험을 대비해야한다는 압박감에서 벗어나 첫걸음을 마스터한다는 마음으로
쉽게 공부해나간다면 이 책을 마쳤을 때는 다른 학습 없이 중국어의 토익인
新HSK 1,2급 시험도 거뜬히 패스할 수 있다.

이왕에 시작하는 중국어! 학습목표가 있다면 더욱 효과가 좋다.
이 책이 여러분의 학습 목표를 확실히 이루길 진심으로 바라며, 덩달아
新HSK 시험도 패스하길 소망한다.

문자와 성조

문자(발음)

중국어의 기초가 되는 문자 성모와 운모와 발음을 원어민의 발음을 듣고 따라하면서 쉽게 중국어를 시작한다.

성조

중국어는 우리말과 달리 4성조 음의 높낮이가 있다.
중국어의 기본이 되는 4성을 알아보도록 한다.

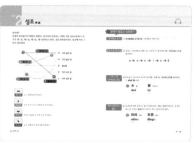

CHAPTER 1 · 2

본문

왕초보를 위한 新HSK 기초 대화문

왕초보자들을 위해, 가장 기초적인 단어 新HSK 1, 2급용들로 대화를 구성하였다. 대화문만으로도 新HSK 시험대비를 할 수 있다.

새단어 과마다 새로 나오는 단어들을 정리해 놓았다.
발음을 들으면서 본문내용을 시작하기 전,
미리 단어공부를 해 보자.

시험에 꼭 나오는 문법

본문 대화문 중, 꼭 알아야 할 문법만 골라서 간단한 예문과 함께 알기 쉽게 설명하였다. 회화에 꼭 필요한 문법 설명이므로 잘 알아두도록 한다.

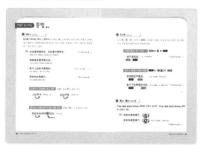

新HSK 완전정복!!

新HSK 시험을 대비하여, 비슷한 형태의 연습문제를 만들었다. 문제를 풀어보며, 학습결과를 확인하고 시험에 대비하자.

新HSK 패턴 대화연습

新HSK 시험대비용 패턴식 대화문을 녹음과 함께 실었다. 시험에 나오는 단어들 위주로 만들었으므로, 시험에 대비하고 회화를 연습할 수 있다.

쓰면서 익히는 한자쓰기

중국의 한자는 우리의 한자와 그 생김새와 모양이 다르다. 간단하게 줄여서 쓰는 간체자 簡体字 를 쓰면서 중국식 한자를 익히도록 한다.

CHAPTER 3 & CHAPTER 4
단어장 & 해답편

챕터별 정리

본문에서 배웠던 단어들을 과별로 한꺼번에 모아놓았다. 단어들을 모아서 한번에 다시 공부해 보자.

新HSK 시험대비용 패턴식 대화문 - 해답

본문에 있던 新HSK 시험대비용 패턴식 대화문의 해답을 챕터로 빼어 쉽게 답을 확인할 수 있도록 하였다.

목차 目次

★ CHAPTER 2 본문

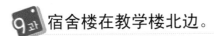
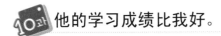
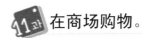
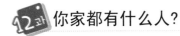
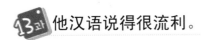
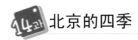

발음 发音

중국어의 음절은 극소수를 제외한 대부분이 성모와 운모로 구성된다.
음절 첫머리에는 성모가 오고 다음은 운모가 온다.

 **성모** 声母

쌍순음

 八 여덟, 8
bā
빠

p 票 표
piào
피야오

 门 문
mén
먼

순치음

f 饭 밥
fàn
판
프어

설첨음

 大 크다
dà
따
더

t 听 듣다
tīng
팅
터

n 牛 소
niú
니요우
너

 来 오다
lái
라이
러

설근음

 高 높다
gāo
까오
거

k 口 입
kǒu
코우
커

 喝 마시다
hē
허
허

설면음

j
지

酒 술
jiǔ
지요우

q
치

钱 돈
qián
치앤

x
시

小 작다
xiǎo
시야오

권설음

zh
즈

这 이것
zhè
쩌

ch
츠

吃 먹다
chī
츠

sh
스

书 책
shū
슈

r
르

肉 고기
ròu
로우

설치음

z
쯔

早 아침
zǎo
짜오

c
츠

菜 채소
cài
차이

s
쓰

三 셋, 3
sān
싼

발음 发音

⭐ 2 운모 韵母

단운모

a 아	妈 엄마 **mā** 마	o 오	破 깨다 **pò** 포	e 어	饿 배고프다 **è** 으어
i 이	一 하나, 1 **yī** 이	u 우	路 길 **lù** 루	ü 위	女 여자 **nǚ** 뉘

복운모

ai 아이	爱 사랑하다 **ài** 아이	ei 에이	飞 날다 **fēi** 페이	ao 아오	好 좋다 **hǎo** 하오
ou 오우	走 달리다, 가다 **zǒu** 조우				

부성운모

an 안	男 남자 **nán** 난	en 언	人 사람 **rén** 런	ang 앙	上 위 **shàng** 샹
eng 엉	冷 춥다 **lěng** 렁	ong 옹	中 가운데 **zhōng** 쫑		

권설운모

er 얼	二 둘, 2 **èr** 얼

⭐3 i, u, ü 와 결합된 운모

i 와 결합된 운모   i 와 결합된 결합운모가 성모 없이 단독으로 음절을 이룰 때 [y]로 표기한다.

ia	ie	iao	iou	ian
야	예	야오	요우	얜

in	iang	ing	iong
인	양	잉	용

u와 결합된 운모   u와 결합된 결합운모가 성모 없이 단독으로 음절을 이룰 때 [w]로 표기한다.

ua	uo	uai	uei	uan
와	워	와이	웨이	완

uen	uang	ueng
원	왕	웡

ü와 결합된 운모   ü와 결합된 결합운모가 단독으로 음절을 이룰 때 [yu]로 표기한다.

üe	üan	ün
위에	위앤	윈

2 성조 声调

성조란?
음절의 음성높이의 변화를 말한다. 중국어의 표준어는 4개의 기본 성조 4성 四声로, 각각 제1성, 제2성, 제3성, 제4성이라고 한다. 같은 한자음이라도 성조에 따라 그 뜻이 달라진다.

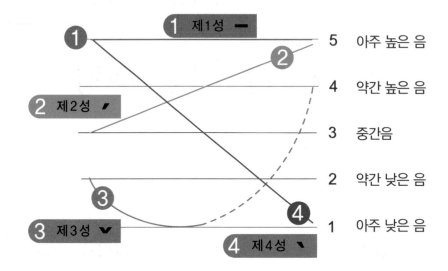

제1성 높고 편안하게 발음한다.

제2성 낮은 음으로부터 단번에 올려 발음한다.

제3성 발음을 내렸다가 살짝 올려 발음한다.

제4성 높은 음에서 뚝 떨어지게 발음한다.

⭐ 중국어 병음과 성조표기

한어병음 표기　① 한어병음을 표기할 때는 단어별로 띄어 쓴다.

모음이 두 개 이상　② 성조는 모음위에 표기하는데, 모음이 두 개 이상일 때는 **주요모음 순으**로 표기한다.

$$a \rightarrow o \rightarrow e \rightarrow i \rightarrow u \rightarrow ü$$

i 와 u 로 이루어진 운모　③ i 와 u 로 이루어진 운모의 경우에는 뒤에 있는 운모에 성조를 표기한다.

예　水 물　　留 머무르다
　　shuǐ　　liú
　　수이　　리유

짧게 발음되는 음절　④ 표준어의 일부 음절 중 성조가 없어져서 가볍고 짧게 발음되는 음절이 있는데, 이것을 **경성(**轻声)이라고 하고 성조표기가 없다.

예　妈妈 엄마　　东西 물건
　　māma　　dōngxi
　　마마　　똥시

2 성조 声调

★ 성조의 변화 变调

두 개의 제 3성
음절이 연이어 있을 경우

① 두 개의 제 3성 음절이 연이어 있을 경우, 앞 음절의 제 3성은 제2성으로 발음한다.

$$ \text{nǐ hǎo} \implies \text{ní hǎo} $$

예▶ **你好!** 안녕하세요!

제 3성 음절이
내림조로 발음될 경우

② 제 3성 음절이 제1, 2, 4성 및 경성의 앞에 올 경우, 첫 내림조로 발음한다.

$$ \text{nǐmen} \implies \text{nìmen} $$

예▶ **你们** 너희들

음을 올리지 않는다

不의 성조변화

③ **不의 성조변화** : 不가 제4성 앞에 올 경우에는 제2성으로 발음한다.

$$ \text{bù kèqi} \implies \text{bú kèqi} $$

예▶ **不客气** 천만에요.

不의 발음에 유의하여 읽어보자.

bù xué
뿌　쉬에

不 ✛ ❶성　🔊 不学 배우지 않다

bú wèn
부　원

不 ✛ ❷성　🔊 不问 묻지 않다

bù kǔ
뿌　쿠

不 ✛ ❸성　🔊 不苦 (맛이) 쓰지 않다

bú jiàn
부　찌앤

不 ✛ ❹성　🔊 不见 보지 않다

CHAPTER 1

1과~7과

课文

你好吗?

Nǐ hǎo ma 니 하오 마

A 안녕하십니까?

你好吗? 니 하오 마

Nǐ hǎo ma

B 저는 매우 좋습니다. 당신은 (어떻습니까)?

我很好。你呢? 워 헌 하오. 니 너

Wǒ hěn hǎo   Nǐ ne

A 저도 매우 좋습니다.

我也很好。 워 예 헌 하오

Wǒ yě hěn hǎo

A 당신 아버지, 어머니 모두 다 잘 계십니까?

你爸爸妈妈都好吗? 니 빠바 마마 또우 하오 마

Nǐ bàba māma dōu hǎo ma

B 그들도 모두 다 (매우) 잘 있습니다.

他们也都很好。 타먼 예 또우 헌 하오

Tāmen yě dōu hěn hǎo

안녕하십니까?

A 당신은 바쁘십니까?

你忙吗? 니 망 마

Nǐ máng ma

B 난 바쁘지 않습니다.

我不忙。 워 뿌 망

Wǒ bù máng

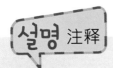 설명 注釋

❶ 你好! nǐ hǎo와 你好吗? nǐ hǎo ma의 뜻 구별

你好!는 일상 인사말로 시간, 장소, 신분에 관계없이 사용한다. 대답은 똑같이 你好! 이다.
你好吗?는 흔히 문안하는 인사말로 서로 알고 있는 사이에 사용한다. 대답할 때는 很好。잘 지냅니다
와 같이 안부상태를 말하면 된다.

❷ 好 hǎo의 원래 뜻은 좋다, 훌륭하다이지만, 인사말이나 문안에서는 잘, 편안하다 등으로 번역이 가능하다.

❸ ...呢 ne?는 위의 화제에 이어 질문할 때 쓰인다.

❹ 也 yě와 都 dōu 는 주어 뒤, 동사 또는 형용사 앞에만 쓸 수가 있다.
그리고 也와 都가 동일한 동사 또는 형용사를 수식할 때 也 는 都 앞에 사용한다.

새 단어 生词

★ 你
nǐ 니 — 대 너, 당신

★ 他
tā 타 — 대 그, 그 사람

★ 好
hǎo 하오 — 형 좋다

★ 她
tā 타 — 대 그녀

★ 吗
ma 마 — 조 의문문의 끝에서 의문을 나타내는조사

★ 忙
máng 망 — 형 바쁘다

★ 我
wǒ 워 — 대 나, 저

★ 累
lèi 레이 — 형 힘들다, 피곤하다

★ 我们
wǒmen 워먼 — 대 우리들, 저희들

★ 饿
è 어 — 형 배고프다

★ 很
hěn 헌 — 부 아주, 매우

★ 渴
kě 커 — 형 목마르다, 갈증이 나다

★ 呢
ne 너 — 조 문장의 끝에서 강조나 선택 또는 수식을 나타내는 조사

★ 爸爸
bàba 빠바 — 명 아버지

★ 也
yě 예 — 부 ~도, 역시

★ 妈妈
māma 마마 — 명 어머니

★ 都
dōu 또우 — 부 모두, 다

★ 不
bù 뿌 — 부 ~이 아니다

新HSK 완전 정복!! 1

综合练习

1 병음 연습 练习拼音

Track
05

성모 \ 운모	a	o	e	i	u	ü	er
b	ba	bo		bi	bu		
p	pa	po		pi	pu		
m	ma	mo	me	mi	mu		
f	fa	fo			fu		
d	da		de	di	du		
t	ta		te	ti	tu		
n	na		ne	ni	nu	nü	
l	la		le	li	lu	lü	
g	ga		ge		gu		
k	ka		ke		ku		
h	ha		he		hu		
j				ji		ju	
q				qi		qu	
x				xi		xu	
zh	zha		zhe		zhu		
ch	cha		che		chu		
sh	sha		she		shu		
r			re		ru		
z	za		ze		zu		
c	ca		ce		cu		
s	sa		se		su		
				yi	wu	yu	

안녕하십니까? _21

HSK 패턴 대화연습 练习会话

1 你忙吗? 　　　바쁘세요?

▶你 nǐ 너, 당신
▶忙 máng 바쁘다

 我很忙。 　　　저는 매우 바쁩니다.

▶很 hěn 매우

他也很忙。 　　　그 남자도 매우 바쁩니다.

▶他 tā 그, 그 남자

他们也都很忙。 　　그들도 모두 다 매우 바쁩니다.

▶他们 tāmen 그들
　都 dōu 모두

2 你累吗? 　　　피곤하니?

▶累 lèi 힘들다,
　피곤하다

 我很累。 　　　나는 매우 피곤해.

你也很累。 　　　너도 매우 피곤해.

我们也都很累。 　　우리도 모두 매우 피곤합니다.

모르는 일이야~~

나는 매우 피곤해...

你渴吗? | 목이 마릅니까? | ▶ 渴 kě 목마르다, 갈증이 나다

我不渴。 | 나는 목이 마르지 않습니다.

他也不渴。 | 그도 목이 마르지 않습니다.

我们都很饿。 | 우리는 모두 매우 배가 고픕니다. | ▶ 饿 è 굶주리다, 배고프다

나는 목이 마르지 않습니다.

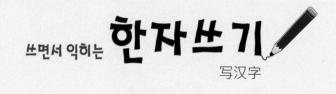

쓰면서 익히는 **한자쓰기**
写汉字

1 필획

필획	丶	一	丨	丿	乀	✓	亅	乛
	diǎn 뎬	héng 헝	shù 슈	piě 폐	nà 나	tī 티 tiǎo 탸오	shù gōu 슈 꼬우	héng zhé zhé wān gōu 헝 저 저 완 꼬우

2 필순 한자의 필순은 상 ➡ 하 ➡ 좌 ➡ 우 ➡ 밖 ➡ 안 ➡ 밑 ➡ 가운데 ➡ 좌 ➡ 우 의 순서로 쓴다.

	한 자	필 순	설 명
필순	十 shí 열 십	一 十	먼저 가로, 다음 내려 긋기
	大 dà, dài 클 대	一 ナ 大	가로, 삐침, 파임 순으로
	多 duō 많을 다	ク 夕 多 多	먼저 위, 다음은 아래로
	你 nǐ 너 니	亻 伫 你	왼쪽 먼저 쓰고 다음은 안쪽 쓰기
	月 yuè 달 월	丿 刀 月	밖에 먼저 쓰고 다음은 안쪽 쓰기
	国 guó 나라 국	冂 国 国	밖을 쓰고 안쪽 쓴 다음 밑을 봉하기
	小 xiǎo 적을 소	亅 小 小	먼저 가운데 쓰고 다음 좌에서 우로 쓰기
필순	상 ➡ 하 ➡ 좌 ➡ 우 ➡ 밖 ➡ 안 ➡ 밑 ➡ 가운데 ➡ 좌 ➡ 우 의 순서로 쓴다.		

3 한자를 필순에 맞게 써 보세요.

你 nǐ 니	你 너, 당신		我 wǒ 아	我 나, 저

好 hǎo 호	好 좋다

们 men 문	们 ~들

很 hěn 흔	很 매우, 아주, 대단히

都 dōu 도	都 모두

他 tā 타	他 그, 그남자

累 lèi 루	累 피곤하다

饿 è 아	饿 배고프다

渴 kě 갈	渴 목이 마르다

忙 máng 망	忙 바쁘다

他是谁?

Tā shì shéi? 타 스 셰이

A 실례지만, 그는 누구에요?

请问，他是谁? 칭 원, 타 스 셰이

Qǐng wèn tā shì shéi

B 그는 우리 중국어 선생님입니다.

他是我们的汉语老师。 타 스 워먼 더 한위 라오스

Tā shì wǒmen de hànyǔ lǎoshī

A 그녀 역시 중국어 선생님입니까?

她也是汉语老师吗? 타 예 스 한위 라오스 마

Tā yě shì hànyǔ lǎoshī ma

B 아니에요, 그녀는 나의 친구입니다.

不是，她是我的朋友。 부 스, 타 스 워 더 펑요우

Bú shì   tā shì wǒ de péngyou

A 그녀는 학생입니까?

她是学生吗? 타 스 쉬에셩 마

Tā shì xuésheng ma

그는 누구입니까?

B 네(옳습니다.) 그녀는 한국 유학생입니다.

是，她是韩国留学生。 스, 타 스 한궈 리유쉬에셩

Shì   tā shì Hánguó liúxuéshēng

새 단어 生词

★ **是**
shì 스
- 형 맞다, 옳다
- 동 ~이다

★ **谁**
shéi 셰이
- 대 누구, 누가

★ **请**
qǐng 칭
- 동 요구하다
  ~하세요 (상대에게 부탁하거나 권할 때 쓰는 경어)

★ **问**
wèn 원
- 동 묻다

★ **汉语**
hànyǔ 한위
- 명 중국어

★ **老师**
lǎoshī 라오스
- 명 선생님

★ **的**
de 더
- 구조조사
  조 소속관계를 나타내는 관형어로 쓰인다.

★ **朋友**
péngyou 펑요우
- 명 친구

★ **学生**
xuésheng 쉬에셩
- 명 학생

★ **韩国**
Hánguó 한궈
- 명 한국

★ **留**
liú 리유
- 동 머무르다, 체재하다

★ **留学生**
liúxuéshēng 리유쉬에셩
- 명 유학생

1. 是자문 : ~이다

是자문이란 是가 술어가 되는 문장을 말한다. 동사 是 뒤에 오는 목적어는 주어를 설명한다. 是자문의 부정형식은 是 앞에 부정부사 不를 붙인다.

 他**是**留学生。   그는 유학생이다.

 他**不是**留学生。   그는 유학생이 아니다.

2. 구조조사 的

대명사나 명사가 **관형어로 되어 소속관계를 나타낼 경우** 관형어 뒤에 구조조사 的를 붙여야 한다.

예 我**的**朋友   나의 친구

我们**的**汉语老师   우리의 중국어 선생님

3. 是, 她是学生。

是, 她是学生。 에서 是는 **확신의 의미를 나타내는 대답**으로 쓰인다.
즉, 네(옳습니다). 그녀는 학생입니다.라는 뜻이다.

예 **是**, 她是学生。   네(옳습니다). 그녀는 학생입니다.

新 HSK 완전 정복!! 2

综合练习

1 병음 연습 练习拼音

Track 09

운모 성모	ai	ei	ao	ou	an	en	ang	eng	ong
b	bai	bei	bao		ban	ben	bang	beng	
p	pai	pei	pao	pou	pan	pen	pang	peng	
m	mai	mei	mao	mou	man	men	mang	meng	
f		fei		fou	fan	fen	fang	feng	
d	dai	dei	dao	dou	dan		dang	deng	dong
t	tai		tao	tou	tan		tang	teng	tong
n	nai	nei	nao	nou	nan	nen	nang	neng	nong
l	lai	lei	lao	lou	lan		lang	leng	long
g	gai	gei	gao	gou	gan	gen	gang	geng	gong
k	kai	kei	kao	kou	kan	ken	kang	keng	kong
h	hai	hei	hao	hou	han	hen	hang	heng	hong
zh	zhai	zhei	zhao	zhou	zhan	zhen	zhang	zheng	zhong
ch	chai		chao	chou	chan	chen	chang	cheng	chong
sh	shai	shei	shao	shou	shan	shen	shang	sheng	
r			rao	rou	ran	ren	rang	reng	rong
z	zai	zei	zao	zou	zan	zen	zang	zeng	zong
c	cai		cao	cou	can	cen	cang	ceng	cong
s	sai		sao	sou	san	sen	sang	seng	song

2-① 녹음을 잘 듣고 성조를 표시해보세요.

예 bi   bǐ ➡ bì

① mo   ⬜ ➡ ⬜   ⑤ lu   ⬜ ➡ ⬜

② pa   ⬜ ➡ ⬜   ⑥ de   ⬜ ➡ ⬜

③ tu   ⬜ ➡ ⬜   ⑦ fu   ⬜ ➡ ⬜

④ nu   ⬜ ➡ ⬜   ⑧ ma   ⬜ ➡ ⬜

2-② 녹음을 잘 듣고 성조를 표시해보세요.

예 fen   fèn ➡ fēn

① mao   ⬜ ➡ ⬜   ⑥ hou fang   ⬜ ➡ ⬜

② lei   ⬜ ➡ ⬜   ⑦ kai fa   ⬜ ➡ ⬜

③ bang   ⬜ ➡ ⬜   ⑧ li kai   ⬜ ➡ ⬜

④ gen   ⬜ ➡ ⬜   ⑨ wu dao   ⬜ ➡ ⬜

⑤ heng   ⬜ ➡ ⬜

3 얼화문에 유의하여 단어를 읽어 보세요.

주의 er열은 **다른 운모와 결합**하여 **얼화 운모**가 된다.
그 표기법은 원래의 음절표기에 **-r** 만을 더해준다.

* 玩儿 놀다   * 花儿 꽃   * 饭馆儿 식당   * 一点儿 조금, 좀
  wánr   huār   fànguǎnr   yìdiǎnr
  왈   활(화얼)   판괄   이디얼

请问, 他是谁? 실례지만, 그는 누구세요?

 **他是汉语老师。** 그는 중국어 선생님입니다.

他们都是我们的老师。 그들은 모두 우리의 선생님입니다.

她们是学生。 그녀들은 학생입니다.

 请问, 他是老师吗? 실례지만, 그는 선생님입니까?

他不是老师, 是学生。 그는 선생님이 아닙니다. 학생입니다.

他不是老师, 是我的朋友。 그는 선생님이 아닙니다. 저의 친구입니다.

他们不是老师, 是韩国留学生。
그들은 선생님이 아닙니다. 한국유학생입니다.

3   请问，他是留学生吗?　　　　실례지만, 그는 유학생입니까?

 是，留学生。　　　　네(옳습니다), 유학생입니다.

不是，他是我的朋友。　　　　아닙니다. 그는 저의 친구입니다.

他们不是韩国留学生。　　　　그들은 한국유학생이 아닙니다.

한자를 필순에 맞게 써 보세요.

是 shì 시	是 ~이다
谁 shéi 수	谁 누구
请 qǐng 청	请 청하다
语 yǔ 어	语 말, 말하다
老 lǎo 로	老 늙다
的 de 적	的 ~의
友 yǒu 우	友 벗, 친구
留 liú 류	留 머무르다
韩 hán 한	韩 나라이름

这是什么?

Zhè shì shénme? 쩌스 션머

이것은 무엇입니까?

A 이것은 당신의 책입니까?

这是你的书吗? 쩌스니더슈마

Zhè shì nǐ de shū ma

B 이것은 저의 책이 아닙니다. 저것이 나의 책입니다.

这不是我的书, 那是我的书。 쩌부스위더슈,나스위더슈

Zhè bú shì wǒ de shū　　　nà shì wǒ de shū

A 어느 것이 너의 교과서이니?

哪个是你的课本? 나거스니더커번

Nǎ ge shì nǐ de kèběn

B 이것은 신문이고 저것이 나의 교과서야.

这是报纸, 那个是我的课本。 쩌스빠오즈, 나거스위더커번

Zhè shì bàozhǐ　　　nà ge shì wǒ de kèběn

A 저것은 무엇입니까?

那是什么? 나스션머

Nà shì shénme

B 저것은 나의 핸드폰과 컴퓨터입니다.

那是我的手机和电脑。 나 스 워 더 쇼우지 허 띠앤나오
Nà shì wǒ de shǒujī hé diànnǎo

 注释

❶ 这个, 那个, 哪个에서 양사 个는 수량과 관계없이 오직 지시대명사로만 쓰인다.

중국어의 서술문에서는 명사나 동사 앞에 个를 붙여 쓰지만 구어(口语 회화체)에서는 흔히 생략해서 쓴다.

서술문	구어문 (회화체)		
예 这个课本	➡ 这课本	이 교과서	* 课本 kèběn 교과서
那个是书。	➡ 那是书。	저것은 책이다.	* 书 shū 책

❷ 什么는 의문대명사로서 명사를 수식하고 무엇, 어느 등의 의미를 나타낸다.

예 什么书? 무슨 책이니?

这是什么? 이것은 무엇인가요?

새 단어 生词

3과

★ 这
zhè 쩌
대 이것

★ 什么
shénme 션머
대 무엇

★ 书
shū 슈
명 책

★ 那
nà 나
대 저것, 그것

★ 哪
nǎ 나
대 어느, 어느 것

★ 个
gè 거
양 ~개, ~명
사람이나 사물을 셀 때 쓰는 단위

★ 课本
kèběn 커번
명 교과서

★ 报纸
bàozhǐ 빠오즈
명 신문, 신문지

★ 手机
shǒujī 쇼우지
명 핸드폰

★ 和
hé 허
접 ~와, ~과

★ 电脑
diànnǎo 띠앤나오
명 컴퓨터

新 **HSK** 완전 정복!! **3**

综合练习

1 병음 연습 练习拼音

Track
13

운모 성모	ia	iao	ie	iou	ian	in	iang	ing	iong
b		biao	bie		bian	bin		bing	
p		piao	pie		pian	pin		ping	
m		miao	mie	miu	mian	min		ming	
f									
d		diao	die	diu	dian			ding	
t		tiao	tie		tian			ting	
n		niao	nie	niu	nian	nin	niang	ning	
l	lia	liao	lie	liu	lian	lin	liang	ling	
j	jia	jiao	jie	jiu	jian	jin	jiang	jing	jiong
q	qia	qiao	qie	qiu	qian	qin	qiang	qing	qiong
x	xia	xiao	xie	xiu	xian	xin	xiang	xing	xiong
	ya	yao	ye	you	yan	yin	yang	ying	yong

주의 ① i와 결합된 결합운모는 앞에 성모 없이 단독으로 음절을 이룰 때에는 y로 표기한다.

② u와 결합된 결합운모는 앞에 성모 없이 단독으로 음절을 이룰 때에는 w로 표기한다.

③ -iou는 -iu, -uei는 -ui로, -uen는 -un으로 표기한다.

④ j, q, x 뒤에 ü가 오면 두 점이 생략된다.

	ua	uo	uai	uei	uan	uen	uang	ueng	üe	üan	ün
d		duo		dui	duan	dun					
t		tuo		tui	tuan	tun					
n		nuo			nuan				nüe		
l		luo			luan	lun			lüe		
g	gua	guo	guai	gui	guan	gun	guang				
k	kua	kuo	kuai	kui	kuan	kun	kuang				
h	hua	huo	huai	hui	huan	hun	huang				
j									jue	juan	jun
q									que	quan	qun
x									xue	xuan	xun
zh	zhua	zhuo	zhuai	zhui	zhuan	zhun	zhuang				
ch	chua	chuo	chuai	chui	chuan	chun	chuang				
sh	shua	shuo	shuai	shui	shuan	shun	shuang				
r	rua	ruo		rui	ruan	run					
z		zuo		zui	zuan	zun					
c		cuo		cui	cuan	cun					
s		suo		sui	suan	sun					
	wa	wo	wai	wei	wan	wen	wang	weng	yue	yuan	yun

1 请问，这是什么? 실례지만, 이것은 무엇입니까?

这是书。 이것은 책입니다.

这是报纸。 이것은 신문입니다.

这是课本。 이것은 교과서입니다.

这是电脑和手机。 이것은 컴퓨터와 핸드폰입니다.

▶ 和 hé ~와/과
▶ 电脑 diànnǎo 컴퓨터

2 哪个是你的电脑? 어느 것이 너의 컴퓨터니?

▶ 哪个 nǎ ge 어느 것

这个也不是。 이것도 아니다.

那个也不是。 저것도 아니다.

哪个也都不是。 어느 것도 다 아니다.

한자를 필순에 맞게 써 보세요.

这	这		书	书	
zhè 저	이, 이것		shū 서	책	

那	那		手	手	
nà 나	저, 저것		shǒu 수	손	

机	机		哪	哪	
jī 기	기계, 기구		nǎ 나	어느 것	

个	个		电	电	
gè 개	~개, ~명		diàn 전	전기	

脑	脑		课	课	
nǎo 뇌	뇌		kè 과	수업	

本	本
běn 본	근본

报	报
bào 보	알리다

纸	纸
zhǐ 지	종이

和	和
hé 화	~와 / 과

多少钱?

Duōshao qián? 뚸샤오 치앤

A 나는 빵 두 개를 사려고 합니다.

我要买两个面包。 워 야오 마이 량 거 미앤빠오
Wǒ yào mǎi liǎng ge miànbāo

B 모두 4.5위엔(위안)입니다.

一共四块五毛。 이꽁 쓰 콰이 우 마오
Yígòng sì kuài wǔ máo

A 이 사전은 얼마입니까?

这词典多少钱? 쩌 츠디앤 뚸샤오 치앤
Zhè cídiǎn duōshao qián

B 한 권에 90위엔(위안)입니다.

一本九十元。 이 번 지유스 위앤
Yì běn jiǔshí yuán

A 커피 한 잔은 얼마입니까?

一杯咖啡多少钱? 이 뻬이 카페이 뚸샤오 치앤
Yì bēi kāfēi duōshao qián

얼마입니까?

B 5위엔(위안)입니다.

五块钱。 우 콰이 치앤

Wǔ kuài qián

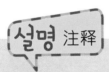

❶ 两 liǎng 과 二 èr 은 모두 2를 나타내는 수사이다. 양사 앞에서는 二 대신 两을 쓴다.

❷ 화폐 단위를 말할 때, 회화체에서는 元 대신 块를 사용하며 元의 10분의 1인 角 대신 毛를 사용한다.

서술문	구어문 (회화체)		서술문	구어문 (회화체)
예 元	➡	块	角	➡ 毛
yuán		kuài	jiǎo	máo

새 단어 生词

4과

★ **要**
yào 야오
> 조동 ~하려고 하다
> 동 원하다

★ **买**
mǎi 마이
> 동 사다

★ **两**
liǎng 량
> 수 둘, 2

★ **面包**
miànbāo 미엔빠오
> 명 빵

★ **一共**
yígòng 이꽁
> 부 합계, 전부, 모두

★ **块(元)**
kuài(yuán) 콰이(위엔)
> 양 위엔(위안)
> 중국 화폐 단위

★ **毛(角)**
máo(jiǎo) 마오(쟈오)
> 양 0.1위엔(위안)
> 1위엔의 10분의 1

★ **词典**
cídiǎn 츠디엔
> 명 사전

★ **多少**
duōshao 뛰샤오
> 대 얼마, 몇

★ **钱**
qián 치엔
> 명 돈

★ **一本**
yì běn 이 번
> 수량 한 권

★ **一杯**
yì bēi 이 뻬이
> 수량 한 컵, 한 잔

★ **咖啡**
kāfēi 카페이
> 명 커피

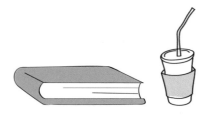

문법 语法

Track
16

◦ 숫자 읽는 법

중국어의 숫자는 우리말의 **일, 이, 삼, 사…**와 같다.

0 零
líng 링

1 一
yī 이

2 二
èr 얼

3 三
sān 싼

4 四
sì 쓰

5 五
wǔ 우

6 六
liù 리유

7 七
qī 치

8 八
bā 빠

9 九
jiǔ 지유

10 十 =
shí 스

20 二十
èr shí 얼 스

100 一百
yì bǎi 이 빠이

1000 一千
yì qiān 이 치앤

하자! 복습

① 11 _____

② 10000 _____

③ 1001 _____

④ 1800 _____

정답 ❶ shíyī　　❷ yí wàn　　❸ yì qiān líng yī　　❹ yì qiān bā bǎi

新 HSK 완전 정복!! 4

综合练习

Track
17

1-1 녹음을 잘 듣고 성조를 표시해보세요.

예 jue | juě | ➡ | juè

1	qie		➡	
2	xi qu		➡	
3	xu		➡	
4	tong xing		➡	
5	jing		➡	
6	qian xian		➡	
7	jian mian		➡	

1-2 녹음을 잘 듣고 성조를 표시해보세요.

예 suan | suān | ➡ | suàn

1	cuo		➡	
2	ru		➡	
3	shuang		➡	
4	zhu		➡	
5	rui		➡	
6	zheng jie		➡	
7	chuan qi		➡	
8	xin suan		➡	
9	si xiang		➡	

1

你要买什么?　　무엇을 사려고 합니까?　　汉语 hànyǔ 중국어

我要买汉语书。　저는 중국어책을 사려고 합니다.

我要买词典。　저는 사전을 사려고 합니다.

我要买电脑。　저는 컴퓨터를 사려고 합니다.

2

一共多少钱?　　모두 얼마입니까?　　一共 yīgòng 모두

一共五块(元)三毛(角)钱。　모두 5.3위엔입니다.

一共八十九元七角。　모두 89.7위엔입니다.

一共六块钱。　모두 6위엔입니다.

한자를 필순에 맞게 써 보세요.

要 yào 요	要 요구하다, ~하려고 하다
买 mǎi 매	买 사다
两 liǎng 량	两 둘, 2
面 miàn 면	面 낯, 얼굴
包 bāo 포	包 싸다, 포장하다
词 cí 사	词 말, 단어
典 diǎn 전	典 표준, 법칙
多 duō 다	多 많다
少 shǎo 소	少 적다

我来介绍一下。

Wǒ lái jièshào yíxià
워 라이 찌에샤오 이샤

Track
19

제가 소개 좀 하겠습니다

A 안녕하세요! 당신들을 알게 되어 기쁩니다.

你们好，认识你们很高兴。 니먼 하오, 런스 니먼 헌 까오씽

Nǐmen hǎo　　　rènshi nǐmen hěn gāoxìng

제가 소개 좀 하겠습니다.

我来介绍一下。 워 라이 찌에샤오 이샤

Wǒ lái jièshào yíxià

저는 한국 유학생이고 이름은 김용철이라 합니다. 저는 A반 학생입니다.

我是韩国留学生，名字叫金龙哲，A班的学生。

Wǒ shì Hánguó liúxuéshēng,　　míngzi jiào Jīn lóng zhé,　　A bān de xuésheng
워 스 한궈 리유쉬에성　　　밍즈 찌야오 진 롱 저　　　에이 빤 더 쉬에성

B 이 분은 우리 선생님이시고 그들은 저의 친구인 미선과 이영남입니다.

这是我们的老师，他们是我的朋友美善和李英男，

Zhè shì wǒmen de lǎoshī　　tāmen shì wǒ de péngyou měishàn hé Lǐ yīng nán
쩌 스 워먼 더 라오스　　타먼 스 워 더 펑요우 메이 샨 허 리 잉 난

그들 역시 유학생입니다.

他们也是留学生。 타먼 예 스 리유쉬에성

Tāmen yě shì liúxuéshēng

C   여기는 우리 교실입니다.

这是我们的教室。 쩌 스 워먼 더 찌야오스

Zhè shì wǒmen de jiàoshì

교실이 크지 않습니다.

教室不大。 찌야오스 부 따

Jiàoshì bú dà

D   이것은 새로운 중국어책입니다.

这是新的汉语书。 쩌 스 신 더 한위 슈

Zhè shì xīn de hànyǔ shū

저것은 제 학우의 사전인데, 사전이 매우 두껍습니다.

那是我同学的词典，词典很厚。

Nà shì wǒ tóngxué de cídiǎn   cídiǎn hěn hòu
나 스 워 통쉬에 더 츠디앤   츠디앤 헌 호우

E   이 사람은 제 아내인데, 매우 예쁩니다.

这是我爱人，她漂亮极了。 쩌 스 워 아이런, 타 퍄오량 지 러
Zhè shì wǒ àirén　　tā piàoliang jí le

이 아이는 우리의 어린 딸인데, 매우 영리하고도 귀엽습니다.

这是我们的小女儿，她很聪明，也很可爱。
Zhè shì wǒmen de xiǎo nǚ'ér　　tā hěn cōngming　　yě hěn kě'ài
쩌 스 워먼 더 시야오 뉘얼　　타 헌 총밍　　예 헌 커아이

보세요, 이 멋진 사람이 바로 저입니다.

你们看，这是我，很帅。 니먼 칸, 쩌 스 워, 헌 슈아이
Nǐmen kàn　　zhè shì wǒ　　hěn shuài

 注释

❶ 我来介绍一下。는 다른 사람에게 소개할 때 흔히 쓰는 말이다.
来는 동사 앞에 쓰여서 어떤 일을 적극적으로 하고자 함을 나타낸다.

❷ 小女儿에서 小는 작다라는 뜻이 아니라 어리다라는 뜻이다.

❸ 漂亮极了。에서 极了는 极는 몹시, 매우의 뜻으로 뒤에 了를 동반하여 형용사나 일부 상태를
설명하는 동사 뒤에서 매우 ~하다, 몹시 ~하다의 뜻으로 정도가 최고조에 달함을 나타낸다.

새 단어 生词

Track 20

5 과

★ **来**
lái 라이
(동) 오다

★ **介绍**
jièshào 찌에샤오
(동) 소개하다

★ **一下**
yíxià 이샤
(수량) 한번, 좀

★ **认识**
rènshi 런스
(동) 알다, 인식하다

★ **高兴**
gāoxìng 까오씽
(형) 기쁘다, 반갑다

★ **叫**
jiào 찌야오
(동) 외치다, ~라고 부르다

★ **名字**
míngzi 밍즈
(명) 이름

★ **金龙哲**
Jīn lóng zhé 진 룽 져
(인명) 김용철

★ **班**
bān 빤
(명)(양) 반

★ **美善**
měi shàn 메이 샨
(인명) 미선

★ **李英男**
Lǐ yīng nán 리 잉 난
(인명) 이영남

52_ 第五课 我来介绍一下。

★ 教室
jiàoshì 찌야오스 　　(명) 교실

★ 大
dà 따 　　(형) 크다 ⟷ ★ 小
xiǎo 시야오 　　(형) 작다

★ 新
xīn 신 　　(형) 새롭다

★ 同学
tóngxué 통쉬에 　　(명) 동창, 학우

★ 厚
hòu 호우 　　(형) 두껍다

★ 爱人
àirén 아이런 　　(명) 아내, 애인

★ 漂亮
piàoliang 퍄오량 　　(형) 예쁘다, 아름답다

★ 极了
jí le 지 러 　　(부) 매우, 몹시, 극히, 아주

★ 女儿
nǚ'ér 뉘얼 　　(명) 딸, 여자아이

★ 聪明
cōngming 총밍 　　(형) 영리하다, 총명하다

★ 可爱
kě'ài 커아이 　　(형) 귀엽다, 사랑스럽다

완전 멋져~
내 스타일이야~~

★ 看
kàn 칸 　　(동) 보다

★ 帅
shuài 슈아이 　　(형) 멋지다, 잘생기다

시험에 꼭 나오는 문법 语法

1. 문장의 구조

중국어 문장은 일반적으로 **주어 부분**과 **술어 부분**으로 나뉘는데 주어가 앞에 오고 술어가 뒤에 온다. **주어의 주요 성분**은 명사, 대명사이고 **술어의 주요 성분**은 동사, 형용사이다.

> 예 他 ✚ 是留学生。그는 유학생이다.　　这 ✚ 是词典。이것은 사전이다.
> 　　 주어부　　 술어부　　　　　　주어부　　 술어부

2. 구조조사 的를 쓰는 경우와 쓰지 않는 경우

的를 쓰는 경우

대명사, 명사가 관형어(명사를 수식하는 성분)가 되어 소속관계를 나타낼 경우에는 관형어 뒤에 구조조사 的를 붙여 쓴다.

> 예 我 **的** 书　내 책　　　　　　我们 **的** 老师　우리들의 선생님

的를 쓰지 않는 경우

(1) 대명사가 수식하는 중심어가 **친척, 친구 또는 단체일 경우**에는 的를 생략한다.

> 예 我爸爸(我的爸爸)　내 아버지　　　我们老师(我们的老师) 우리들의 선생님

(2) 명사 관형어가 중심어를 설명하는 **성질을 나타내는 경우**에는 的를 생략한다.

> 예 汉语书 〈O〉 汉语的书 〈×〉 중국어 책　　韩国人 〈O〉 韩国的人 〈×〉 한국사람

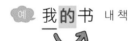

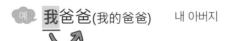

新**HSK** 완전 정복!! **5**

综合练习

Track 21

1 주어진 단어로 하나의 완전한 문장을 만들어 보세요. 连词成句

1 这 什么 是 ➡ [_____] ?

이것은 무엇입니까?

2 书 新 很 ➡ [_____] 。

책이 매우 새것이다.

3 极了 漂亮 她 ➡ [_____] 。

그녀는 매우 예쁘다.

4 来 一下 介绍 我 ➡ [_____] 。

제가 소개 좀 하겠습니다.

2 是 또는 **不是** 로 아래 빈칸을 채우세요. 填空

1 她 [____] 留学生, [____] 老师 。

그녀는 유학생이 아니고, 선생님이다.

2 她 [____] 妈妈, [____] 学生 。

그녀는 엄마가 아니고, 학생이다.

3 这 [____] 词典, [____] 课本 。

이것은 사전이 아니고, 교과서이다.

4 这 [____] 纸, [____] 报纸 。

이것은 종이가 아니고, 신문이다.

1

你的汉语书，也是新的吗？

당신의 중국어책도 새 것입니까?

▶ 也 yě ~도,
역시, 또한

 是，也是新的。

네. 역시 새 것입니다.

2

你们教室大不大？

당신들의 교실은 큽니까？

我们教室不大不小。

우리 교실은 크지도 작지도 않습니다.

Tip 不~ 不~ ~하지도 ~하지도 않다

3

你的朋友漂亮吗？

당신 친구는 예쁩니까？

▶ 朋友 péngyou 친구

▶ 漂亮 piàoliang
예쁘다, 아름답다

我的朋友漂亮极了。

내 친구는 정말 예쁩니다.

她聪明可爱吗？

그녀는 영리하고 귀엽습니까？

她不聪明，不可爱。

그녀는 영리하지도 귀엽지도 않습니다.

쓰면서 익히는 **한자쓰기** 🖊
写汉字

한자를 필순에 맞게 써 보세요.

| 来 láj 래 | 来 오다 | 高 gāo 고 | 高 높다 |

| 兴 xìng 흥 | 兴 흥미 | 教 jiào 교 | 教 가르치다 |

| 室 shì 실 | 室 방 | 厚 hòu 후 | 厚 두껍다 |

| 爱 ài 애 | 爱 사랑하다 |

| 漂 piào 표 | 漂 허탕치다 |

| 亮 liàng 량 | 亮 밝다 |

| 极 jí 극 | 极 아주, 지극히, 몹시 |

| 聪 cōng 총 | 聪 총명하다 |

| 看 kàn 간 | 看 보다 |

第六课

6과 他在哪里工作?

Tā zài nǎli gōngzuò 타 짜이 나리 꿍쭤

A 그는 어디에서 일합니까?

他在哪里工作? 타 짜이 나리 꿍쭤
Tā zài nǎli gōngzuò

B 그는 한 회사에서 일하고 있습니다.

他在一个公司里工作。 타 짜이 이 거 꿍쓰 리 꿍쭤
Tā zài yí ge gōngsī lǐ gōngzuò

A 그의 사무실은 어디에 있습니까?

他的办公室在哪里? 타 더 빤꿍스 짜이 나리
Tā de bàngōngshì zài nǎli

B 그의 사무실은 바로 저 빌딩에 있습니다.

他的办公室就在那个楼里。 타 더 빤꿍스 찌우 짜이 나 거 로우 리
Tā de bàngōngshì jiù zài nà ge lóu lǐ

A 여기에서 멀리 떨어져 있습니까?

离这儿远吗? 리 쩔 위앤 마
Lí zhèr yuǎn ma

B 여기에서 멀지 않습니다, 앞으로 곧장 가시면 바로 도착합니다.

离这儿不远, 一直往前走就到。
Lí zhèr bù yuǎn   yìzhí wǎng qián zǒu jiù dào
리 쩔 뿌 위앤   이즈 왕 치앤 조우 찌우 따오

그는 어디에서 일합니까?

A 차를 타고 갈 수 있습니까?

能坐车去吗? 넝 쭤 처 취 마

Néng zuò chē qù ma

B 네. 갈 수 있습니다.

能。 넝

Néng

 注释

❶ 儿化 얼화음은 흔히 명사, 대명사 뒤에 붙여 쓴다. 그리고 儿化 음은 这儿 쩔처럼 한 개 음절로 읽는다.
즉, 这儿 쩔 을 这 + 儿 쩌얼로 읽지 않는다.

예 **这儿** 쩔 **那儿** 날
　　zhèr　　　nàr

새 단어 生词

Track 24

6과

| 在
zài 짜이 | 전 ~에서
동 ~에 있다, ~하고 있다 | 一直
yì zhí 이즈 | 부 똑바로, 줄곧 |

★ 在
zài 짜이
전 ~에서
동 ~에 있다, ~하고 있다

★ 一直
yì zhí 이즈
부 똑바로, 줄곧

★ 哪里
nǎli 나리
대 어디, 어느 곳

★ 往
wǎng 왕
전 ~쪽으로,
~을 향해

★ 里
lǐ 리
명 안, 속

★ 前
qián 치앤
명 앞, 앞쪽

★ 工作
gōngzuò 꽁쭤
명 일, 작업, 업무
동 일하다, 노동하다

★ 走
zǒu 조우
동 걷다, 걸어가다

★ 公司
gōngsī 꽁쓰
명 회사

★ 到
dào 따오
동 도착하다

★ 办公
bàngōng 빤꽁
동 사무보다

★ 能
néng 넝
조동 ~할 수 있다,
~될 수 있다

★ 办公室
bàngōngshì 빤꽁스
명 사무실

★ 坐
zuò 쭤
동 앉다

★ 楼
lóu 로우
명 빌딩, 층집

★ 车
chē 처
명 차, 자동차

★ 就
jiù 찌우
부 바로, 곧

★ 去
qù 취
동 가다

★ 离
lí 리
전 ~로부터
동 ~에서 떨어져 있다

★ 远
yuǎn 위앤
형 멀다

시험에 꼭 나오는 문법 语法

1. 전치사 介词

(1) 他在公司里에서 在는 ~에서라는 뜻의 전치사로 목적어와 함께 쓰여 전치사구를 형성한다.

> 예 他**在** 教室里学习。　　　그는 교실안에서 공부한다.
> 　　　　[전치사구]

(2) 离这儿远에서 离는 **~에서, ~부터 떨어져 있다**를 뜻하는 전치사로 **시간이나 장소의 출발점에서 떨어져 있음**을 나타낸다.

> 예 **离**这儿很远。　　　여기에서 매우 멀리 떨어져 있다.
> 　　　　　　　　　　　* 很 hěn 매우, 아주
> 　　　　　　　　　　　* 远 yuǎn 멀다

2. 부사 副词

(1) 往前走就到에서 就는 **바로**라는 뜻으로 **사실을 강조할 때** 쓰이는 부사이다.

> 예 **就**是他。　　　바로 그(사람)이다.

(2) 一直往前走에서 一直은 **똑바로, 줄곧**의 뜻을 가진 부사로 주로 **동사나 형용사 앞에 쓰인다.**

> 예 他**一直**看书。　　　그는 줄곧 책을 보았다.

3. 능원동사

能坐车吗?에서 能은 **~할 수 있다, ~될 수 있다**등의 뜻으로 쓰이는 능원동사이다.

> 예 **能**去吗?　　　갈 수 있습니까?

新 HSK 완전 정복!! 6

综合练习

1 주어진 단어로 하나의 완전한 문장을 만들어 보세요. 连词成句

Track 25

① 那个楼里 就 在 办公室 ➡ _____ 。

사무실이 바로 저 건물에 있다.

② 这儿 离 不远 ➡ _____ 。

여기에서 멀지 않다.

③ 车 能 坐 吗 ➡ _____ ?

차를 탈 수 있습니까?

2 B의 답을 보고 질문을 만들어 보세요.

① A : _____ ? B : 他在公司里工作 。

그는 어디에서 일합니까? 그는 회사에서 일합니다.

② A : _____ ? B : 能 。

가능한가요? 가능해요.

3 녹음을 잘 듣고, 빈칸을 채우세요. 填空

① A : 她是 _____ 朋友吗? B : 她是 _____ 朋友 。

그녀는 당신의 친구인가요? 그녀는 내 친구입니다.

② A : 请问, _____ ? B : _____ , 是留学生 。

실례지만, 그는 유학생인가요? 네, 유학생입니다.

한자를 필순에 맞게 써 보세요.

在	在	
zài 재	~에 있다	

司	司	
sī 사	주관하다, 경영하다	

作	作	
zuò 작	(일)하다	

办	办	
bàn 판	하다, 처리하다	

楼	楼	
lóu 루	건물	

就	就	
jiù 취	바로, 곧	

离	离	
lí 리	~로부터, ~에서	

远	远	
yuǎn 원	멀다	

走	走	
zǒu 주	걷다, 걸어가다	

现在几点?

Xiànzài jǐ diǎn 시앤짜이 지 디앤

본문① 课文 시간

A 지금 몇 시에요?

现在几点? 시앤짜이 지 디앤

Xiànzài jǐ diǎn

B 지금 7시 15분이에요.

现在七点一刻。 시앤짜이 치 디앤 이 커

Xiànzài qī diǎn yí kè

A 아침밥을 몇 시에 먹나요?

你几点吃早饭? 니 지 디앤 츠 자오판

Nǐ jǐ diǎn chī zǎofàn

B 아침밥을 7시 반에 먹어요.

我七点半吃早饭。 워 치 디앤 빤 츠 자오판

Wǒ qī diǎn bàn chī zǎofàn

A 언제 수업을 합니까?

什么时候上课? 션머 스호우 샹커

Shénme shíhou shàngkè

B 오전 8시부터 12시까지 수업합니다.

从上午八点到十二点上课。 총 샹우 빠 디앤 따오 스얼 디앤 샹커

Cóng shàngwǔ bā diǎn dào shí'èr diǎn shàngkè

Track
26

지금 몇 시입니까?

본문 ② 课文 날짜·요일

A 오늘이 몇 월 며칠입니까?

今天几月几号? 진티앤 지 위에 지 하오

Jīntiān jǐ yuè jǐ hào

B 오늘은 7월 22일입니다.

今天七月二十二号。 진티앤 치 위에 얼스얼 하오

Jīntiān qī yuè èrshí'èr hào

A 오늘이 무슨 요일입니까?

今天星期几? 진티앤 싱치 지

Jīntiān xīngqī jǐ

B 오늘은 수요일입니다.

今天星期三。 진티앤 싱치싼

Jīntiān xīngqīsān

A 25일이 일요일이죠?

二十五号是星期天吧? 얼스우 하오 스 싱치티앤 바

Èrshíwǔ hào shì xīngqītiān ba

B 25일은 일요일이 아닙니다. 토요일입니다.

二十五号不是星期天，是星期六。

Èrshíwǔ hào búshì xīngqītiān   shì xīngqīliù
얼스우 하오 부스 싱치티앤   스 싱치리유

 설명 注释 **I**

❶ 어기조사 吧는 확신할 수 없는 어기를 나타낸다. 어느 정도 추측은 되지만 확신할 수 없을 때 문장 끝에 吧를 쓴다.

지금 몇 시입니까? _65

새 단어 生词 ①

7과 ①

★ **现在** 🅝 지금, 현재
xiànzài 시앤짜이

★ **几** 🅓 몇, 얼마
jǐ 지

★ **点** 🅨 ~시
diǎn 디앤

★ **刻** 🅨 15분
kè 커

★ **半** 🅢 반, 30분
bàn 빤

★ **早饭** 🅝 아침밥
zǎofàn 자오판

★ **午饭** 🅝 점심밥
wǔfàn 우판

★ **晚饭** 🅝 저녁밥
wǎnfàn 완판

★ **时候** 🅝 때
shíhou 스호우

★ **吃** 🅓 먹다
chī 츠

★ **上课** 🅓 수업하다, 수업받다
shàngkè 샹커

★ **下课** 🅓 수업이 끝나다
xiàkè 시아커

★ **从...到...** ~부터 ~까지
cóng...dào... 총...따오...

★ **上午** 🅝 오전
shàngwǔ 샹우

★ **今天** 🅝 오늘
jīntiān 진티앤

★ **月** 🅝 월, 달
yuè 위에

★ **号(日)** 🅝 일, 날짜
hào(rì) 하오(르)

★ **星期** 🅝 요일, 주
xīngqī 싱치

★ **星期三** 🅝 수요일
xīngqīsān 싱치싼

★ **星期天(星期日)** 🅝 일요일
xīngqītiān(xīngqīrì)
싱치티앤(싱치르)

★ **星期六** 🅝 토요일
xīngqīliù 싱치리유

본문 ③ 课文 시간약속

A 일요일에 우리 공원에 가는 게 어때요?

星期天咱们去公园，怎么样?
Xīngqītiān zánmen qù gōngyuán　　zěnmeyàng
싱치티앤 잔먼 취 꽁위앤　　　　　전머양

B 좋아요. 언제 출발해요?

好啊。什么时候出发? 하오 아. 션머 스호우 츄파
Hǎo a　　Shénme shíhou chūfā

A 오전 9시, 괜찮아요?

上午九点，行吗? 샹우 지우 디앤, 싱 마
Shàngwǔ jiǔ diǎn　xíng ma

B 좋아요. 우리 몇 시에 만날까요?

行。咱们几点见面?。싱. 잔먼 지 디앤 찌앤미앤
Xíng　Zánmen jǐ diǎn jiànmiàn

A 9시 5분 전에 학교 입구에서 기다릴게요.

差五分九点，在学校门口等你。
Chà wǔ fēn jiǔ diǎn　　zài xuéxiào ménkǒu děng nǐ
챠 우 펀 지유 디앤　　　짜이 쉬에시야오 먼코우 덩 니

 설명 注释 ①

❶ 啊는 조사로서 경성으로 읽는다. 긍정·찬성의 어기를 나타낸다.

❷ 날짜 일(日)을 나타낼때, 회화에서는 묵 hào를 쓰고 문장에서는 日 rì를 쓴다.

★ **咱们**
zánmen 잔먼

（대） 상대방을
포함하는 우리

★ **等**
děng 덩

（동） 기다리다

★ **公园**
gōngyuán 꿍위앤

（명） 공원

★ **怎么样**
zěnmeyàng 전머양

（대） 어떠한가?

★ **啊**
a 아

（조） 문장 끝에 쓰여
긍정을 나타낸다.

★ **出发**
chūfā 츄파

（동） 출발하다

★ **行**
xíng 싱

（동） 행하다, 가다
（형） 좋다, 괜찮다

★ **见面**
jiànmiàn 지앤미앤

（동） 만나다

★ **差**
chà 챠

（동） 부족하다

★ **分**
fēn 펀

（양） ~분

★ **学校**
xuéxiào 쉬에샤오

（명） 학교

★ **门口**
ménkǒu 먼코우

（명） 입구

시험에 꼭 나오는 **문법** 语法

°시간을 읽는 법 钟点的读法

10분 또는 10분 이하의 **분**을 읽을 때는 分편이라고 읽거나 零링이라고 읽는다.
10분 이상일 경우, 分을 읽어도 되고 읽지 않아도 된다.

八点
빠 디앤
8:00

八点五分 / 八点零五(分)
빠 디앤 우 펀 /   빠 디앤 링 우(펀)
8:05

八点一刻 /
八点十五(分)
빠 디앤 이 커 / 빠 디앤 스우(펀)
8:15

八点半 / 八点三十(分)
빠 디앤 빤 /   빠 디앤 싼스(펀)
8:30

八点五十五(分) / 差五分九点
빠 디앤 우스우(펀) /   챠 우 펀 지유 디앤
8:55

날짜

* **年** nián 니앤 　　　　　 몡 해, 년
* **大前天** dàqiántiān 따치앤티앤 몡 그끄저께
* **前天** qiántiān 치앤티앤 　　 몡 그저께
* **昨天** zuótiān 쭤티앤 　　　 몡 어제
* **明天** míngtiān 밍티앤 　　　 몡 내일
* **后天** hòutiān 호우티앤 　　 몡 모레
* **大后天** dàhòutiān 따호우티앤 몡 글피

요일

* **星期一** xīngqīyī 싱치이 　　 몡 월요일
* **星期二** xīngqī'èr 싱치얼 　　 몡 화요일
* **星期三** xīngqīsān 싱치싼 　 몡 수요일
* **星期四** xīngqīsì 싱치쓰 　　 몡 목요일
* **星期五** xīngqīwǔ 싱치우 　　 몡 금요일
* **星期六** xīngqīliù 싱치리유 　 몡 토요일
* **星期天(日)** xīngqītiān(rì) 몡 일요일
　　　　　 싱치티앤(르)

新HSK 완전 정복!! **7**

综合练习

1 교체연습을 해보세요. 替换练习

Track 30

예 今天	➡	**今天七月十号。**	➡	**今天星期四。**
		오늘은 7월 10일이다.		오늘은 목요일이다.
1 明天 내일	➡	⬜ 내일은 7월 11일이다.	➡	⬜ 내일은 금요일이다.
2 后天 모레	➡	⬜ 모레는 7월 12일이다.	➡	⬜ 모레는 토요일이다.
3 大后天 글피	➡	⬜ 글피는 7월 13일이다.	➡	⬜ 글피는 일요일이다.
4 昨天 어제	➡	⬜ 어제는 7월 9일이다.	➡	⬜ 어제는 수요일이다.
5 前天 그저께	➡	⬜ 그저께는 7월 8일이다.	➡	⬜ 그저께는 화요일이다.
6 大前天 그끄저께	➡	⬜ 그끄저께는 7월 7일이다.	➡	⬜ 그끄저께는 월요일이다.

2 녹음을 잘 듣고, 빈칸을 채우세요. 填空

A : ⬜ ?　　　　오늘이 며칠이지?

B : 今天八月十五号。　　　오늘은 8월 15일이야.

A : 昨天你去哪儿了?　　　너는 어제 어디에 갔었니?

B : ⬜ 。　　　　나는 어제 공원에 갔었어.

A : ⬜ ?　　　　오늘이 무슨 요일이지?

B : 今天是星期三。　　　오늘은 수요일이야.

쓰면서 익히는 **한자쓰기**
写汉字

한자를 필순에 맞게 써 보세요.

한자	병음/훈	쓰기	뜻
刻	kè 각	刻	15분
候	hòu 후	候	계절, 때
啊	a 아	啊	어조사
出	chū 출	出	나오다
差	chà 차	差	부족하다, 모자라다
等	děng 등	等	기다리다
饭	fàn 반	饭	밥, 식사
晚	wǎn 만	晚	저녁, 밤, 늦다
怎	zěn 즘	怎	왜, 어째서, 어떻게

CHAPTER ②
8과~14과

课文

他正在工作呢。

Tā zhèngzài gōngzuò ne 타 쩡짜이 꽁쭤 너

A 라디오방송을 들으세요?

你听广播吗? 니 팅 꽝보 마

Nǐ tīng guǎngbō ma

B 아니, TV를 보고 있어요.

不，看着电视呢。 뿌, 칸 져 띠앤스 너

Bù　　kàn zhe diànshì ne

A 지금 무엇을 방송하고 있어요?

现在播放的是什么? 시앤짜이 보팡 더 스 션머

Xiànzài bōfàng de shì shénme

나도 보려고 하는데요.

我也想看呢。 워 예 샹 칸 너

Wǒ yě xiǎng kàn ne

B 지금 국제 뉴스를 방송하고 있어요.

现在播放着国际新闻呢。 시앤짜이 보팡 져 귀지 신원 너

Xiànzài bōfàng zhe guójì xīnwén ne

그럼, 함께 봐요.

那么，一起看吧。 나머, 이치 칸 바

Nàme　　yìqǐ kàn ba

그는 일을 하고 있다

A 지금 사장님은 어디 계세요?

现在经理在哪儿? 시앤짜이 징리 짜이 날

Xiànzài jīnglǐ zài nǎr

B 그분은 마침 회의실에서 회의중이에요.

他在会议室里正在开着会呢。

Tā zài huìyìshì lǐ zhèngzài kāi zhe huì ne

타 짜이 훼이이스 리 쩡짜이 카이 져 훼이 너

 설명 注释

着의 용법

① 조사로 쓰일 경우

着 zhe로 발음하며, 동사 뒤에서 한 동작이 지속됨을 나타낸다.

> 예 **看着书呢。** 책을 보고 있다.

동사 **＋** 着 ~하고 있다

② 동사로 쓰일 경우

着 zháo로 발음하며, 흔히 명사나 형용사 앞에 붙어 접촉하다, 붙다, 느끼다, 받다등의 뜻을 나타낸다.

> 예 **着火了。** 불이 붙었다. (불이 나다)

着 **＋** 명사 붙다
형용사 접촉하다

③ 명사로 쓰일 경우

着 zhāo 제1성으로 발음하며 수, 수단, 좋아 등의 뜻을 나타낸다.

> 예 **高着儿** 높은 수

着，你说得对。 그래, 네 말이 맞아.

새 단어 生词

8과

★ **正在**
zhèngzài 쩡짜이
⟨부⟩ ~하고 있다,
마침(한창) ~하는 중이다

★ **一起**
yìqǐ 이치
⟨부⟩ 같이, 함께

★ **呢**
ne 너
문장 끝에
의문을 나타내거나 사실
을 확인하는 어기조사

★ **吧**
ba 바
문장 끝에 쓰여
⟨조⟩ 제의, 명령, 추측,
청구 등을 나타낸다.

★ **听**
tīng 팅
⟨동⟩ 듣다

★ **经理**
jīnglǐ 징리
⟨명⟩ 지배인(사장)

★ **广播**
guǎngbō 광보
⟨명⟩ 라디오방송

★ **会议(室)**
huìyì(shì) 훼이이(스)
⟨명⟩ 회의(실)

★ **着**
zhe 져
⟨조⟩ ~하고 있다

★ **开会**
kāihuì 카이훼이
⟨동⟩ 회의하다

★ **电视**
diànshì 띠앤스
⟨명⟩ 텔레비전, TV

★ **播放**
bōfàng 보팡
⟨동⟩ 방송하다

★ **想**
xiǎng 샹
⟨조동⟩ 바라다, ~하려 한다,
~하고 싶다
⟨동⟩ 생각하다

★ **国际**
guójì 궈지
⟨명⟩ 국제

★ **新闻**
xīnwén 신원
⟨명⟩ 뉴스

★ **那么**
nàme 나머
⟨부⟩ 그럼, 그러면

1. 문형 正在……着……呢。

동작이 진행과정에 있음을 표현하고자 할 때, 다음과 같이 표현한다.

주어 ✚ **正在** ✚ 동사 ✚ **着** ✚ 목적어 ✚ **呢**   ~하고 있는 중이다.

예 他 **正在** 听 **着** 广播 **呢**。   그는 (마침) 방송을 듣고 있는 중이다.
　　 주어　　 동사　　 목적어

她 **正在** 看 **着** 书 **呢**。   그녀는 책을 보고 있는 중이다.
주어　　 동사　　 목적어

2. 부사 一起

一起는 부사로서 흔히 명사 뒤, 동사 앞에 쓰여 같이, 함께라는 뜻을 나타낸다.

예 我们**一起**看书吧。   우리 함께 책을 보자.

3. 부사 那么

那么는 부사로서 성질, 상태, 정도, 권유, 방식 등을 나타낼 때 쓰인다.

예 **那么**, 一起学习吧。   그럼, 함께 공부하자.

1 병음은 한자로, 한자는 병음으로 옮겨 쓰세요.

Track
33

1 Xiànzài jīnglǐ zài nǎr? ➡

　　지금 사장님은 어디에 계세요? 。

2 Bù, kàn zhe diànshì ne ➡

　　아니에요. TV를 보고 있어요. 。

3 Nàme, yìqǐ kàn ba ➡

　　그럼, 함께 봅시다. 。

4 播放着国际新闻。 ➡

　　국제뉴스를 방송하고 있어요. 。

5 会议室里等着。 ➡

　　회의실에서 기다리고 있어요. 。

2 주어진 단어로 어순에 맞게 문장을 만들어 보세요.

1 看 书 正在 老师 着 ➡

　　선생님은 책을 보고 계신다. 。

2 正在 他 等 你 着 呢 ➡

　　그는 당신을 기다리고 있어요. 。

3 一起 我们 学 吧 汉语 ➡

　　우리 함께 중국어를 배웁시다. 。

4 上课 时候 什么 ➡

　　언제 수업을 합니까? ?

3 질문을 보고 대답을 완성하세요.

1️⃣ A : 你听什么?
너는 무엇을 듣고 있니?

B : [_____].
나는 뉴스를 듣고 있어.

2️⃣ A : [_____]?
그는 무엇을 보고 있습니까?

B : 他看着书呢。
그는 책을 보고 있습니다.

3️⃣ A : 现在几点?
지금 몇 시예요?

B : [_____].
지금은 8시 30분이예요.

4️⃣ A : [_____]?
오늘이 몇 월 며칠인가요?

B : 今天三月五号。
오늘은 3월 5일이예요.

5️⃣ A : [_____]?
어디 가니?

B : 我去上课。
수업받으러 가.

6️⃣ A : [_____]?
그녀는 누구니?

B : 她是我朋友。
그녀는 나의 친구야.

한자를 필순에 맞게 써 보세요.

播	播
bō 파	전파하다

着	着
zháo 착	접촉하다, 붙다

想	想
xiǎng 상	생각하다, ~하고 싶다

际	际
jì 제	사이, 상호간

闻	闻
wén 문	듣다, 소식, 뉴스

经	经
jīng 경	경영하다

呢	呢
ne 니	어조사

宿舍楼在教学楼北边。

Sùshèlóu zài jiàoxuélóu běinbian **기숙사는 교학 건물 북쪽에 있다**

쑤셔로우 짜이 찌야오쉬에로우 베이비앤

Track 34

본문 ① 课文

우리 학교 안쪽에는 교학건물,

我们学校里边有教学楼 , 위먼 쉬에샤오 리비앤 요우 찌야오쉬에로우

Wǒmen xuéxiào lǐbian yǒu jiàoxuélóu

오피스텔, 도서관과 기숙사 건물이 있다.

办公楼，图书馆和宿舍楼。 빤꽁로우, 투슈관 허 쑤셔로우

bàngōnglóu   túshūguǎn hé sùshèlóu

오피스텔은 교학건물 남쪽에 있고,

办公楼在教学楼南边 , 빤꽁로우 짜이 찌야오쉬에로우 난비앤

Bàngōnglóu zài jiàoxuélóu nánbian

도서관은 오피스텔 서쪽에 있으며,

图书馆在办公楼西边 , 투슈관 짜이 빤꽁로우 시비앤

túshūguǎn zài bàngōnglóu xībian

기숙사 건물은 교학건물 북쪽에 있다.

宿舍楼在教学楼北边。

sùshèlóu zài jiàoxuélóu běinbian

쑤셔로우 짜이 찌야오쉬에로우 베이비앤

학교 부근에는 상점과 은행이 있고, 또 동쪽에는 영화관도 있다.

学校附近有商店和银行，东边还有电影院。

Xuéxiào fùjìn yǒu shāngdiàn hé yínháng,   dōngbian hái yǒu diànyǐngyuàn

쉬에샤오 푸진 요우 샹띠앤 허 인항,   똥비앤 하이 요우 띠앤잉위앤

영화관 맞은편에는 약국 하나가 있고 약국 옆에는 음식점들이 매우 많다.

电影院对面是一个药店，药店旁边有很多饭馆儿。

Diànyǐngyuàn duìmiàn shì yíge yàodiàn   yàodiàn pángbiān yǒu hěn duō fànguǎnr

띠앤잉위앤 뚜이미앤 스 이거 야오띠앤,   야오띠앤 팡비앤 요우 헌 뚸 판괄

알쏭달쏭 **단어** 방향

西 sī 시
서

北 běi 베이
북

南 nán 난
남

东 dōng 똥
동

새 단어 生词 ①

★ 里边
líbian 리비앤
명 안쪽, 내부

★ 有
yǒu 요우
동 있다, 소유하다

★ 办公楼
bàngōnglóu 빤꽁로우
명 오피스텔

★ 电影院
diànyǐngyuàn 띠앤잉위앤
명 영화관

★ 图书馆
túshūguǎn 투슈관
명 도서관

★ 药店
yàodiàn 야오띠앤
명 약국

★ 宿舍
sùshè 쑤셔
명 기숙사

★ 饭馆儿
fànguǎnr 판괄
명 음식점

★ 商店
shāngdiàn 샹띠앤
명 상점

★ 附近
fùjìn 푸진
명 부근

★ 银行
yínháng 인항
명 은행

★ 旁边
pángbiān 팡비앤
명 옆

★ 还
hái 하이
부 아직, 여전히, 또

★ 对面
duìmiàn 뚜이미앤
명 맞은편

❶ 上边 shàngbian 샹비앤
윗쪽

❷ 后边 hòubian 호우비앤
뒷쪽

❸ 左边 zuǒbian 쭤비앤
왼쪽

❹ 中间 zhōngjiān 쫑지앤
중간

❺ 右边 yòubian 요우비앤
오른쪽

❻ 前边 qiánbian 치앤비앤
앞쪽

❼ 下边 xiàbian 시아비앤
아랫쪽

내 자리는 교실 중간에 있다.

我的座位在教室中间。

Wǒ de zuòwèi zài jiàoshì zhōngjiān

위 더 쭤웨이 짜이 찌야오스 쫑지앤

탁자 위에는 스탠드가 하나 있고, 아래쪽은 나의 책가방이다.

桌子上边有一个台灯，下边是我的书包。

Zhuōzi shàngbian yǒu yíge táidēng   xiàbian shì wǒ de shūbāo

쥬어즈 샹비앤 요우 이거 타이떵   샤비앤 스 워 더 슈빠오

내 자리 앞쪽은 영국 학생이고, 뒤쪽은 미국 학생이고,

我的前边座位是英国学生，后边是美国学生，

Wǒ de qiánbian zuòwèi shì Yīngguó xuésheng   hòubian shì Měiguó xuésheng

위 더 치앤비앤 쭤웨이 스 잉궈 쉬에성   호우비앤 스 메이궈 쉬에성

왼쪽은 독일 학생이고, 오른쪽은 프랑스 학생이다.

左边是德国学生，右边是法国学生。

zuǒbian shì Déguó xuésheng   yòubian shì Fǎguó xuésheng

쭤비앤 스 더궈 쉬에성   요우비앤 스 파궈 쉬에성

우리 학급에는 여러 나라의 유학생들이 있다.

我们班里有各国留学生。

Wǒmen bān lǐ yǒu gèguó liúxuéshēng

워먼 빤 리 요우 꺼궈 리유쉬에성

새 단어 生词②

* 座位
  zuòwèi 쭤웨이
  명 자리, 좌석

* 桌子
  zhuōzi 쥬어즈
  명 탁자, 테이블

* 台灯
  táidēng 타이떵
  명 탁상용 전등, 탁상용 스탠드

* 书包
  shūbāo 슈빠오
  명 책가방

* 各国
  gèguó 꺼궈
  명 각 나라, 여러 나라

국명

* 英国
  Yīngguó 잉궈
  명 영국

* 美国
  Měiguó 메이궈
  명 미국

* 德国
  Déguó 더궈
  명 독일

* 法国
  Fǎguó 파궈
  명 프랑스

기숙사는 교학건물 북쪽에 있다. _85

1. 방위사 方位词

방위를 나타내는 명사를 **방위사**라고 한다. 예를 들면 앞쪽, 뒤쪽, 안쪽, 바깥쪽 등이다. 이런 방위사는 일반명사와 마찬가지로 주어, 목적어, 관형어로 쓰일 수 있으며, 관형어의 수식을 받을 수 있다.

예 左边是英国学生，右边是中国学生。

* 左边 zuǒbian 명 왼쪽

왼쪽은 영국 학생이고, 오른쪽은 중국 학생이다.

宿舍楼在教学楼北边。

기숙사 건물은 교학건물 북쪽에 있다.

桌子上边的书是我的。

* 桌子 zhuōzi 명 탁자, 테이블

탁자 위에 있는 책은 나의 것이다.

学校东边有银行。

* 银行 yínháng 명 은행

학교 동쪽에 은행이 있다.

방위사가 관형어로 쓰일 경우 뒤에는 흔히 **的**를 붙여 쓴다.

上边**的**书 위에 있는 책   右边**的**楼 오른쪽 건물

방위사가 관형어의 수식을 받을 경우 앞에는 **的**를 쓰지 않아도 된다.

学校东边(学校**的**东边)   학교 동쪽

생략가능

2. 존재문 存在句

동사 **有, 是, 在**는 모두 다 **존재**를 나타낼 수 있다. 이 동사들이 술어의 주요 성분으로 쓰일 때 문장의 어순은 다음과 같다.

사람(사물) + 在 + 장소 　　사람/사물 **+ 在 +** 장소

他**在**我后边。　　　그는 내 뒤에 있다. 　　* 后边 hòubian 명 뒷쪽
사람　　장소

장소 + 有(是) + 사람(사물) 　　장소 **+ 有(是) +** 사람/사물

学校附近**有**商店。　　학교 부근에는 상점이 있다.
장소　　　사물

桌子下边**是**我的书包。탁자 아래에는 내 가방이 있다. 　* 书包 shūbāo 명 가방
장소　　　　사물

3. 有와 是의 차이점

有를 사용한 문장의 목적어는 명확한 상대가 없지만, 是을 사용한 문장의 목적어는 ==명확한 상대가 있다.==

예 学校对面**有**银行。

学校对面**是**银行。 학교 맞은편은 은행이다.

　　　　　　　　　　　　　　　　　* 对面 duìmiàn 명 맞은편

新HSK 완전 정복!! 9

综合练习

1 대화를 잘 듣고, 주어진 동사 有, 是, 在로 대화를 완성하세요.

Track 38

1 有

A : _____?
학교 안에 서점이 있습니까?

B : 学校里边有书店。
학교 안에 서점이 있습니다.

A : 桌子上有什么?
탁자 위에 무엇이 있습니까?

B : _____。
탁자 위에 교과서가 있습니다.

A : 附近有银行吗?
근처에 은행이 있습니까?

B : _____。
근처에 은행이 있습니다.

A : _____?
당신 옆에 사람이 있습니까?

B : 我旁边有人。
제 옆에 사람이 있습니다.

2 是

A : _____?
너 앞에 누구야?

B : 我前边是龙哲。
내 앞에는 용철이야.

A : _____?
너 뒤에는 누구니?

B : 我后边是我的朋友。
내 뒤에는 나의 친구야.

A : 教学楼北边是宿舍楼吗?
교학 건물 북쪽은 기숙사니?

B : _____。
응. 기숙사야.

A : _____?
약국 맞은편은 무엇이니?

B : 药店对面是银行。
약국 맞은편은 은행이야.

3 在

A : 老师在哪儿?

선생님은 어디에 계시니?

B :   。

선생님은 사무실에 계셔.

A :   ?

스탠드는 어디에 있니?

B : 台灯在桌子上边 。

스탠드는 탁자 위에 있어.

A : 饭馆儿在哪儿?

음식점은 어디에 있니?

B :   。

음식점은 뒤쪽에 있어.

A :   ?

미선이는 어디에 있니?

B : 美善在图书馆里看书 。

미선이는 도서관에서 책을 보고 있어.

2 그림을 보고 빈칸에 알맞은 단어를 찾아 넣으세요.

① _____

② _____

③ _____

④ _____

⑤ _____

⑥ _____

⑦ _____

北
东

주어진 단어

药店	北京大学	商店	电影院
饭馆	宿舍楼	银行	

한자를 필순에 맞게 써 보세요.

边 biān 변	边	
	가장자리	

北 běi 북	北	
	북쪽	

后 hòu 후	后	
	뒤	

旁 páng 방	旁	
	옆	

近 jìn 근	近	
	가깝다	

还 hái 환	还	
	아직, 여전히, 더	

商 shāng 상	商	
	상업, 장사	

德 dé 덕	德	
	덕	

影 yǐng 영	影	
	그림자	

他的学习成绩比我好。

Tā de xuéxí chéngjì bǐ wǒ hǎo 타 더 쉬에시 청찌 비 워 하오

A 당신 형님은 대학에서 공부합니까?

你哥哥在大学念书吗? 니 꺼거 짜이 따쉬에 니앤슈 마

Nǐ gēge zài dàxué niànshū ma?

B 그는 연구생인데, 대학원에서 공부합니다.

他是研究生，在研究生院读书。

Tā shì yánjiūshēng　　zài yánjiūshēngyuàn dúshū

타 스 이앤지유성　　짜이 이앤지유성위앤 두슈

그의 학습 성적은 저보다 좋습니다.

他的学习成绩比我好。 타 더 쉬에시 청찌 비 워 하오

Tā de xuéxí chéngjì bǐ wǒ hǎo

그의 진보 역시 나보다 훨씬 빠릅니다.

进步也比我快得多。 진뿌 예 비 워 콰이 더 뛰

jìnbù yě bǐ wǒ kuài de duō

그의 학습 성적은 나보다 좋다.

A 금년 농촌 정황은 어떠합니까?

今年农村情况怎样? 진니앤 농춘 칭쾅 전양

Jīnnián nóngcūn qíngkuàng zěnyàng

B 금년은 작년보다 좋고 해마다 좋아지고 있습니다.

今年比去年好, 一年比一年好。

Jīnnián bǐ qùnián hǎo   yì nián bǐ yì nián hǎo
진니앤 비 취니앤 하오   이 니앤 비 이 니앤 하오

농민들의 생활은 갈수록 행복해지고 있습니다.

农民的生活越来越幸福。 농민 더 셩후어 위에 라이 위에 씽푸

Nóngmín de shēnghuó yuè lái yuè xìngfú

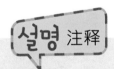 注释

❶ 越 yuè 는 동사인 경우, 넘다, 뛰어넘다, 드높아지다 등의 뜻으로 쓰인다.

부사인 경우 에는 越~越~의 형태로 쓰여 점점, 더욱 더, 한층 더, ~하면 할수록 ~하다 등의 뜻으로 조건에 따라서 정도가 더욱 증가됨을 나타낸다.

명사인 경우 에는 성씨, 나라이름 등으로 쓰인다.

예 동사 越海。   바다를 건너다.
부사 越快越好。   빠르면 빠를수록 좋다.

새 단어 生词

Track 40

10과

★ 哥哥
gēge 꺼거
몡 형, 오빠

★ 念书
niànshū 니앤슈
동 공부하다

★ 研究生
yánjiūshēng 이앤지유셩
몡 연구생, 대학원생

★ 研究生院
yánjiūshēngyuàn
이앤지유셩위앤
몡 대학원

★ 读书
dúshū 두슈
동 책을 읽다, 공부하다

★ 学习
xuéxí 쉬에시
동 배우다
몡 학습

★ 成绩
chéngjì 청찌
몡 성적

★ 比
bǐ 비
젠 ~에 비하여, ~보다

★ 进步
jìnbù 진뿌
몡 진보

★ 快
kuài 콰이
혱 빠르다

★ 得多
de duō 더 뚸
훨씬 ~이다

★ 今年
jīnnián 진니앤
몡 금년

★ 农村
nóngcūn 농춘
몡 농촌

★ 情况
qíngkuàng 칭쾅
몡 정황, 상황

★ 怎样
zěnyàng 전양
대 어떻게, 어떠하냐

★ 去年
qùnián 취니앤
몡 작년

★ 农民
nóngmín 농민
몡 농민

★ 生活
shēnghuó 셩후어
몡 생활

★ 越
yuè 위에
동 뛰어넘다
부 점점

★ 幸福
xìngfú 씽푸
혱 행복하다

❶ 比 bǐ : ～보다

比는 **전치사**(介词)로서, 두 주체사이에 **～보다**의 뜻으로 쓰이고 뒤에 **비교의 결과**를
나타낸다.

> 예 他**比**我好。　　　　그는 나보다 훌륭하다.

比의 상용문형

시간의 변화에 따라 결과의 정도를 나타낸다.

> 예 一年**比**一年好。　　해마다 좋아진다.
>
> 今年**比**去年好。　　금년은 작년보다 좋다.

올해는 풍년이야~

❷ 得多 de duō : 훨씬 ～이다

得多는 주로 형용사 뒤에 붙어 상태가 도달한 정도를 나타내는 **정도보어**로서,
(무엇에 비해서) **훨씬 ～이다** 라는 의미를 나타낸다.

> 예 他比我好**得多**。　　그는 나보다 훨씬 훌륭하다.
>
> 他比我多**得多**。　　그는 나보다 훨씬 많다.

新**HSK** 완전 정복!! **10**

综合练习

1 녹음을 잘 듣고, 대화를 완성하세요. 完成会话

Track
41

1 比

A : 他比你大吗?
그는 너보다 크니?

B : _____ 。
그는 나보다 커.

A : _____ ?
너는 그보다 빠르니?

B : 我比他快得多。
나는 그보다 많이 빨라.

A : 他的学习成绩怎样?
그의 학습성적은 어떻습니까?

B : _____ 。
그의 학습성적은 저보다 높습니다.

A : _____ ?
당신의 책은 그보다 많습니까?

B : 我的书比他多得多。
저의 책은 그보다 훨씬 많습니다.

2 越

A : 他学习汉语怎么样?
그의 중국어 학습은 어떻습니까?

B : _____ 。
그의 중국어 학습은 점점 더 좋아지고 있습니다.

A : _____ ?
농민들의 생활은 어떻습니까?

B : 农民的生活越来越幸福。
농민들의 생활은 점점 행복해지고 있습니다.

A : 他写汉字怎么样呢?
그 남자의 한자 쓰기는 어때?

B : _____ 。
그 남자는 점점 잘 쓰고 있어.

A : _____ ?
그의 성적은 어때?

B : 他的成绩越来越高。
그의 성적은 점점 높아지고 있어.

2 주어진 구절을 이용하여 문장을 만들어 보세요.

1 比我快得多 ➡ 　　　　　　　　　　　　　　　　　　　　　　　　。

그의 진도는 나보다 훨씬 빠르다.

2 比我看得多 ➡ 　　　　　　　　　　　　　　　　　　　　　　　　。

그는 영화를 나보다 더 많이 본다.

3 越来越好 ➡ 　　　　　　　　　　　　　　　　　　　　　　　　。

그의 한자쓰기는 점점 더 좋아지고 있다.

4 越听越好听 ➡ 　　　　　　　　　　　　　　　　　　　　　　　　。

그가 부르는 노래는 들으면 들을수록 듣기 좋다.

5 一天比一天好 ➡ 　　　　　　　　　　　　　　　　　　　　　　　　。

중국어 학습이 나날이 좋아지고 있다.

6 今天比昨天好得多 ➡ 　　　　　　　　　　　　　　　　　　　　　　　　。

그의 병은 어제보다 오늘 더 좋아졌다.

쓰면서 익히는 **한자쓰기**

写汉字

한자를 필순에 맞게 써 보세요.

哥 gē 가	哥 형, 오빠
念 niàn 념	念 읽다, 공부하다
读 dú 독	读 읽다
成 chéng 성	成 이루다
步 bù 보	步 걸음, 단계
越 yuè 월	越 뛰어넘다, 점점
民 mín 민	民 백성
幸 xìng 행	幸 행복, 행운
福 fú 복	福 복, 행복

第十一课
11과

在商场购物。

zài shāngchǎng gòuwù
짜이 샹챵 꼬우우

Track
42

상가에서 상품을 사다

본문 ① 课文

A 저는 핸드폰을 사려고 하는데요, 소개 좀 해주세요.

我想买个手机，您给我介绍介绍。

Wǒ xiǎng mǎi ge shǒujī   nín gěi wǒ jièshào jièshào
워 시양 마이 거 쇼우지   닌 게이 워 찌에샤오 찌에샤오

B 얼마정도의 것을 사려고 합니까?

您想买多少钱的? 닌 시양 마이 뚸샤오 치앤 더

Nín xiǎng mǎi duōshao qián de

A 오백위안 쯤 되는 것으로요.

五百块左右的。 우 바이 콰이 쭤요우 더

Wǔ bǎi kuài zuǒyòu de

B 이 브랜드를 좀 보세요.

您看看这个牌子的。

Nín kànkan zhège páizi de
닌 칸칸 쩌거 파이즈 더

품질도 좋고 가격도 싸며 모양도 매우 보기 좋습니다.

质量又好，价钱又便宜，样子也挺好看。

Zhìliàng yòu hǎo   jiàqián yòu piányi   yàngzi yě tǐng hǎokàn
쯔량 요우 하오   지아치앤 요우 피앤이   양즈 예 팅 하오칸

★ **手机**
shǒujī 쇼우지
📖 핸드폰

★ **给**
gěi 게이
📖 주다
📖 ~에게

★ **左右**
zuǒyòu 줘요우
📖 내외, 안팎, 가량
📖 좌우간, 결국, 어차피

★ **牌子**
páizi 파이즈
📖 상표, 브랜드

★ **质量**
zhìliàng 쯔량
📖 품질

★ **又**
yòu 요우
📖 또, 다시, 거듭

★ **价钱**
jiàqián 지아치앤
📖 가격

★ **便宜**
piányi 피앤이
📖 싸다

★ **样子**
yàngzi 양즈
📖 모양, 모습

★ **挺**
tǐng 팅
📖 매우, 아주, 대단히

★ **好看**
hǎokàn 하오칸
📖 보기 좋다

A 이 신발 사이즈가 어떻게 됩니까? 신어 봐도 되나요?

这双鞋是多大号的? 可以试试吗?

Zhè shuāng xié shì duō dà hào de Kěyǐ shìshi ma

쩌 슈앙 시에 스 뚸 따 하오 더 커이 스스 마

B 신어보실 수 있습니다.

可以。 커이

Kěyǐ

A 이 신발은 좀 작은데, 좀 더 큰 것이 있습니까?

这双有点儿小, 有大一点儿的吗?

Zhè shuāng yǒudiǎnr xiǎo yǒu dà yìdiǎnr de ma

쩌 슈앙 요우디얼 시야오 요우 따 이디얼 더 마

B 있습니다. 다시 신어보세요, 이것은 좀 더 큰 것입니다.

有。您再试试, 这是大一点儿的。

Yǒu Nín zài shìshi zhè shì dà yìdiǎnr de

요우 닌 짜이 스스 쩌 스 따 이디얼 더

A 이 신발은 크지도 작지도 않네요, 딱 맞습니다.

这双不大也不小, 挺合适。

Zhè shuāng bú dà yě bù xiǎo tǐng héshì

쩌 슈앙 부 따 예 뿌 시야오 팅 허스

A 저 흰색 실크 셔츠 좀 볼게요. 다른 색깔이 있습니까?

我看看那件白的真丝衬衣。 有别的颜色的吗?

Wǒ kànkan nà jiàn bái de zhēnsī chènyī   Yǒu biéde yánsè de ma

워 칸칸 나 찌앤 바이 더 쩐쓰 천이   요우 비에더 이앤써 더 마

B 없습니다, 이 한 가지 색깔뿐입니다.

没有，只有这一种颜色。

Méiyǒu   zhǐ yǒu zhè yì zhǒng yánsè

메이요우   즈 요우 쩌 이 종 이앤써

A 이것은 가격이 너무 비싸네요.

这个价钱太贵了。 쩌거 지아치앤 타이 꿰이 러

Zhège jiàqián tài guì le

제게 좀 더 싸게 파세요.

再便宜点儿，卖给我吧。

Zài piányi diǎnr   mài gěi wǒ ba

짜이 피앤이 디얼   마이 게이 워 바

B 좋습니다.

行。 씽

Xíng

설명 注释

❶ 买个手机 에서 양사 앞에 一 는 생략해서 써도 된다.

❷ 卖给我吧 에서 어기조사 吧 는 청구, 권유, 명령, 동의를 나타내는 문장에 쓰여 문장어기로
하여금 부드러워지게 한다.

새 단어 生词 ②

★ 双
shuāng 슈앙
양 ~쌍, ~컬레

★ 衬衣
chènyī 쳔이
명 셔츠

★ 鞋
xié 시에
명 신발

★ 别
bié 비에
형 다른, 별개의

★ 号
hào 하오
명 사이즈

★ 颜色
yánsè 이앤써
명 색, 색깔

★ 可以
kěyǐ 커이
조동 ~할 수 있다

★ 没有
méiyǒu 메이요우
동 없다

★ 试
shì 스
동 해보다, 시도하다, 시험하다

★ 只
zhǐ 즈
부 단지, ~만

★ 有点儿
yǒudiǎnr 요우디얼
부 조금, 약간

★ 种
zhǒng 종
양 종류, 가지

★ 一点儿
yìdiǎnr 이디얼
부 조금, 약간

★ 太
tài 타이
부 매우, 너무, 몹시, 지나치게

★ 合适
héshì 허스
형 적당하다, 알맞다

★ 贵
guì 꿰이
형 비싸다, 귀중하다, 가치가 높다

★ 件
jiàn 찌앤
양 ~벌, ~건

★ 再
zài 짜이
부 재차, 다시 한 번, 또

★ 白
bái 바이
형 희다, 하얗다

★ 卖
mài 마이
동 팔다

★ 真丝
zhēnsī 쪈스
명 실크

시험에 꼭 나오는 문법 语法

1. 동사의 중첩 动词重叠

일부 동사 **介绍·看·试·走** 등을 중첩하여 가볍고 편한 어기를 나타낸다.
단음절 중첩형은 **AA** 혹은 **A—A**의 형태로 쓰고, 쌍음절 중첩형은 **ABAB**의 형태로 쓴다.

> **단음절 중첩형** AA or A—A
>
> **쌍음절 중첩형** ABAB

단음절 중첩형

예		
看	看看 or 看一看	좀 보다
听	听听 or 听一听	한번 좀 듣다
试	试试 or 试一试	시험해보다

쌍음절 중첩형

예		
介绍	介绍介绍	소개 좀 하다
一点儿	一点儿一点儿	조금씩 조금씩

2. 一点儿과 有点儿

(1) **一点儿**은 **양사**로 소량을 나타내고 **명사를 수식**한다.

> 给我**一点儿**饭。 제게 밥 좀 주세요.

(2) **有点儿**은 동사나 형용사 앞에서 **부사어로 쓰여**, 정도의 **경미함**을 나타낸다.

> 衬衣**有点儿**贵。 셔츠가 조금 비싸다

③. 又…又…

又…又…는 **두가지 성질** 또는 **상황이 동시에 존재함**을 나타낸다.

> 例 这件衣服**又**贵**又**不好看。　이 옷은 비싸고 보기도 안 좋다.
>
> 随身听质量**又**好，价钱**又**便宜。　녹음기가 품질도 좋고 가격도 싸다.

* 衣服 yīfu 명 옷. 의복

④ 능원동사 想과 要의 구분

(1) 想은 능원동사로서 **주관적 바람**을 나타내며, 주로 **계획**이나 **희망사항** 등을 나타 낸다.

> 例 我**想**去图书馆。　나는 도서관에 가고 싶다.
>
> 我不**想**买衬衣。　나는 셔츠를 사고 싶지 않다.

(2) 要는 능원동사로서 **주관적 의지의 요구**나 **사실상의 필요**를 나타낸다.

> 例 我**要**给朋友买点儿东西。　나는 친구에게 물건을 좀 사주려고 한다.
>
> 你**要**什么?　너는 뭐가 필요하니?
> 我什么也不**要**。　아무것도 필요 없어.

Track 46

1 주어진 단어를 중첩형식을 이용하여 구절을 만들어 보세요.

1 看 ➡ _____ 。
좀 봅시다

2 试 ➡ _____ 。
시험해보다

3 听 ➡ _____ 。
한 번 들어보다

4 尝 ➡ _____ 。
맛 좀 보다

5 休息 ➡ _____ 。
좀 쉬다

6 睡 ➡ _____ 。
잠 좀 자다

7 介绍 ➡ _____ 。
소개 좀 하겠습니다

2 주어진 단어로 주어진 사물을 설명해 보세요.

주어진 단어 质量, 价钱, 样子, 好, 好看, 不, 贵, 便宜, 有点儿, 又…又…

주어진 사물 电视机, 衬衣, 鞋

1 电视机 ➡ _____ 。
TV가 품질도 좋고 가격도 비싸지 않다.

2 衬衣 ➡ _____ 。
셔츠가 모양도 보기 좋고 또 값도 싸다.

3 鞋 ➡ _____ 。
신발이 좀 비싸다.

한자를 필순에 맞게 써 보세요.

机 jī 기	机
	기계, 기구

牌 pái 패	牌
	상표

可 kě 가	可
	~할 수 있다

以 yǐ 이	以
	~로써

挺 tǐng 정	挺
	매우, 아주, 대단히

别 bié 별	别
	다른, 별개의

衬 chèn 친	衬
	안감, 심

丝 sī 사	丝
	실

再 zài 재	再
	다시, 더

你家都有什么人?

Nǐ jiā dōu yǒu shénme rén 니 쟈 또우 요우 션머 런

본문 ① 课文

A 당신은 집 생각을 합니까?

你想不想家? 니 샹 부 샹 쟈

Nǐ xiǎng bu xiǎng jiā?

B 물론, 생각하지요.

当然想。 땅란 샹

Dāngrán xiǎng

A 집에는 모두 어떤 사람이 있습니까?

你家都有什么人? 니 쟈 또우 요우 션머 런

Nǐ jiā dōu yǒu shénme rén

B 부모님, 언니, 오빠 그리고 저입니다.

父母, 姐姐, 哥哥和我。 푸무, 지에제, 꺼거 허 워

Fùmǔ　　 jiějie　　 gēge hé wǒ

당신은 형제자매가 있습니까?

你有没有兄弟姐妹? 니 요우 메이요우 쇼웅띠 지에메이

Nǐ yǒu méiyǒu xiōngdì jiěmèi

A 저는 외아들(독자)입니다.

我是独生子。 워 스 두셩즈

Wǒ shì dúshēngzǐ

당신 가족은 모두 어떻게 됩니까?

본문 ② 课文

A 당신 부친은 어디에서 일합니까?

你父亲在哪儿工作? 니 푸친 짜이 날 꽁쭤

Nǐ fùqin zài nǎr gōngzuò

B 그는 병원에서 일하시는데 의사입니다.

他在医院工作，他是医生。 타 짜이 이위앤 꽁쭤, 타 스 이셩

Tā zài yīyuàn gōngzuò　　tā shì yīshēng

매일 일찍 출근하고 늦게 퇴근합니다.

天天早上班，晚下班。 티앤티앤 짜오 샹빤, 완 샤빤

Tiāntian zǎo shàngbān　wǎn xiàbān

A 당신 어머니는요?

你母亲呢? 니 무친 너

Nǐ mǔqin ne

B 직업이 없어요.

她没有工作。 타 메이요우 꽁쭤

Tā méiyou gōngzuò

집에서 가사를 돌보고 있습니다.

她在家操持家务。 타 짜이 쟈 차오즈 쟈우

Tā zài jiā cāochí jiāwù

★ 家
jiā 쟈
명 집, 가정

★ 上班
shàngbān 샹빤
동 출근하다

★ 当然
dāngrán 땅란
부 당연히, 물론

★ 下班
xiàbān 샤빤
동 퇴근하다

★ 父母
fùmǔ 푸무
명 부모

★ 母亲
mǔqin 무친
명 어머니, 모친

★ 姐姐
jiějie 지에제
명 누나, 언니

★ 操持
cāochí 차오츠
동 사무를 처리하다, 관리하다, 돌보다, 경영하다

★ 兄弟
xiōngdì 숑띠
명 형제

★ 家务
jiāwù 쟈우
명 가사, 집안일

★ 姐妹
jiěmèi 지에메이
명 자매

★ 独生子
dúshēngzǐ 두셩즈
명 외아들, 독자

★ 父亲
fùqin 푸친
명 아버지, 부친

★ 医院
yīyuàn 이위앤
명 병원

★ 医生
yīshēng 이성
명 의사

★ 早
zǎo 짜오
부 일찍이, 벌써, 이미

A 언니와 오빠는 무슨 일을 합니까?

你姐姐和哥哥做什么工作? 니 지에제 허 꺼거 쭤 션머 꽁쭤

Nǐ jiějie hé gēge zuò shénme gōngzuò

B 언니는 기관 공무원이고, 오빠는 회사원입니다.

姐姐是机关公务员, 哥哥是公司职员。

Jiějie shì jīguān gōngwùyuán   gēge shì gōngsī zhíyuán

지에제 스 지꽌 꽁우위앤   꺼거 스 꽁쓰 즈위앤

A 올해 당신 부모님의 연세는 어떻게 되십니까?

你父母今年多大年纪? 니 푸무 진니앤 뛰따 니앤지

Nǐ fùmǔ jīnnián duōdà niánjì

B 아버지는 올해 예순이시고, 어머니는 쉰여덟이십니다.

父亲今年六十岁, 母亲今年五十八。

Fùqin jīnnián liùshí suì   mǔqin jīnnián wǔshíbā

푸친 진니앤 리유스 쒜이   무친 진니앤 우스빠

A 올해 당신 언니와 오빠의 나이는 어떻게 됩니까?

你姐姐哥哥今年多大? 니 지에제 꺼거 진니앤 뛰따

Nǐ jiějie gēge jīnnián duōdà

B 언니는 28살이고, 오빠는 25살 입니다.

姐姐二十八, 哥哥二十五。 지에제 얼스빠, 꺼거 얼스우

Jiějie èrshíbā   gēge èrshíwǔ

A 당신은요?

你呢? 니 너

Nǐ ne

B 이것은 비밀입니다.

这是秘密。 쩌 스 미 미

Zhè shì mìmì

 설명 注释

❶ 母亲今年五十八。에서 五十八는 수량사 술어로서
앞뒤 문장의 내용이 명확할 때는 ……岁 ~살중의 岁는 생략할 수 있다. 단, 10살 이하일 경우에
岁는 생략하지 않는다.

> 예 哥哥今年<u>二十五</u>。(二十五岁) 형은 올해 25살이다.
>
> 弟弟今年<u>八岁</u>。   남동생은 올해 8살이다.

❷ 손윗사람들에 대한 나이를 물을 때는 多大年纪?로 묻고 几岁?라 묻지 않는다.
그러나 손아랫사람들에게 나이를 물을 때는 几岁?라고 할 수 있다.

> 예 老师，今年<u>多大年纪</u>了? 선생님, 올해 연세가 어떻게 되세요?
>
> 孩子今年<u>几岁</u>?   아이가 올해 몇 살인가요?

* **做**
  zuò 쭤

  (동) 하다, 일하다, 만들다

* **机关**
  jīguān 지관

  (명) 기관

* **公务员**
  gōngwùyuán 꿍우위앤

  (명) 공무원

* **职员**
  zhíyuán 즈위앤

  (명) 직원

* **年纪**
  niánjì 니앤지

  (명) 연령, 나이

* **岁**
  suì 쒜이

  (양) ~세, ~살(나이세는 단위)

* **秘密**
  mìmì 미미

  (명) 비밀
  (형) 비밀스럽다

新HSK 완전 정복!! 12

综合练习

1 녹음을 잘 듣고, 가족 수를 묻는 연습을 하세요.

Track 51

① **您家**

* 口 kǒu 입 식구 수를 세는 단위

A : [   ] ?　　B : [   ] 。

당신 가족은 몇 명입니까?　　　　우리 가족은 7명입니다.

② **老师家**

A : 请问，老师家有几口人？　　B : [   ] 。

실례지만, 선생님댁의 가족은 몇 명입니까?　　선생님댁 식구는 6명입니다.

③ **姐姐家**

A : [   ] ?　　B : [   ] 。

당신 언니네 가족은 몇 명입니까?　　우리 언니네 가족은 4명입니다.

④ **哥哥家**

A : [   ] ?　　B : [   ] 。

당신 오빠의 가족은 몇 명입니까?　　우리 오빠의 가족은 7명입니다.

2 주어진 단어를 보고, 직업에 대해 질문하는 연습을 하세요.

① **老师(教员)**

A : [   ] ?　　B : [   ] 。

당신은 어떤 일을 합니까?　　　저는 교사(교원)입니다.

② **医生**

A : [   ] ?　　B : [   ] 。

너의 아버지는 무슨 일을 하시니?　　저의 아버지는 의사입니다.

③ **经理**

A : [   ] ?　　B : [   ] 。

너의 형은 무슨 일을 하니?　　우리 형은 회사 사장님이야.

④ **公务员**

A : [   ] ?　　B : [   ] 。

네 여동생은 어떤 일을 하니?　　내 여동생은 공무원이야.

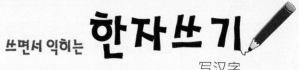
한자를 필순에 맞게 써 보세요.

한자	쓰기	뜻
家 jiā 가	家	집
当 dāng 당	当	당연히 ~해야 한다
然 rán 연	然	맞다, 그렇다
独 dú 독	独	홀로, 혼자
医 yī 의	医	의원, 의사
操 cāo 조	操	종사하다
持 chí 지	持	가지다, 관리하다
秘 mì 비	秘	비밀의
密 mì 밀	密	비밀의, 밀접하다

他汉语说得很流利。

Tā hànyǔ shuō de hěn liúlì 타 한위 슈어 더 헌 리유리

A 그가 중국어 배우는 것이 어떻습니까?

他汉语学得怎么样? 타 한위 쉬에 더 쩐머양

Tā hànyǔ xué de zěnmeyàng

B 그는 중국어를 착실하게 배우고 있을 뿐만 아니라, 한자도 잘 쓸 줄 알고,
또한 중국어로 말하는 것도 매우 유창합니다.

他汉语学得很认真，不但汉字写得好，

Tā hànyǔ xué de hěn rènzhēn   búdàn hànzì xiě de hǎo
타 한위 쉬에 더 헌 런쩐   부딴 한쯔 시에 더 하오

而且汉语说得也很流利。

érqiě hànyǔ shuō de yě hěn liúlì
얼치에 한위 슈어 더 예 헌 리유리

A 그의 취미가 무엇입니까?

他(的)爱好是什么? 타 (더) 아이하오 스 션머

Tā(de) àihào shì shénme

B 그의 취미는 노래인데, 또한 피아노 치는 것도 좋아합니다.

他(的)爱好是唱歌，他还喜欢弹钢琴。

Tā(de) àihào shì chànggē   tā hái xǐhuan tán gāngqín
타 (더) 아이하오 스 챵꺼   타 하이 시환 탄 깡친

A 당신은요?

你呢? 니 너

Nǐ ne

그는 중국어를 매우 유창하게 말한다

B 그와 비슷합니다.

我跟他差不多。 워 껀 타 챠 부 뛰

Wǒ gēn tā chà bu duō

A 우리는 각 나라의 유학생들이 중국에 와서 중국어 배우는 것을 열렬히 환영합니다.

我们热烈地欢迎各国留学生到中国来学习汉语。

Wǒmen rèliè de huānyíng gèguó liúxuéshēng dào Zhōngguó lái xuéxí hànyǔ

위먼 러리에 더 환잉 꺼궈 리유쉬에셩 따오 쫑구어 라이 쉬에시 한위

B 감사합니다! 우리도 매우 기쁩니다.

谢谢! 我们也很高兴。 시에시에. 워먼 예 헌 까오씽

Xièxie Wǒmen yě hěn gāoxìng

 注释

① 爱好에서 好 hào가 좋아하다라는 뜻의 동사로 쓰일 경우에는 제4성으로 읽는다.

| 동사인 경우 | 好 hào 제4성 | 예 这是我的爱好。 이것은 저의 취미입니다. Zhè shì wǒ de àihào |
| 형용사인 경우 | 好 hǎo 제3성 | 美好的日子 아름다운 날들 měihǎo de rìzi |

★ 得
de 더

동사나 형용사와 정도보어를 연결해주는 구조조사

★ 钢琴
gāngqín 깡친

명 피아노

★ 认真
rènzhēn 런쩐

형 착실하다, 진실하다,
성실하다

★ 不但
búdàn 부딴

접 ~뿐만 아니라

★ 会
huì 훼이

조동 ~할 수 있다

★ 跟
gēn 껀

전 ~와(과),
비교의 대상을 이끌어
들일 때 쓰인다

★ 而且
érqiě 얼치에

접 또한,
~뿐만 아니라

★ 差不多
chà bu duō 챠 부 뚸

형 큰 차이가 없다,
거의 비슷하다, 대강 같다

★ 说
shuō 슈어

동 말하다

★ 热烈
rèliè 러리에

형 열렬하다

★ 流利
liúlì 리유리

형 유창하다

★ 地
de 더

단어 또는 절이나 구 뒤에
붙어 상황어를 만든다.

★ 爱好
àihào 아이하오

명 취미
동 좋아하다

★ 欢迎
huānyíng 환잉

동 환영하다,
즐겁게 맞이하다

★ 唱歌
chànggē 챵꺼

동 노래하다

★ 谢谢
xièxie 시에시에

감사합니다,
고맙습니다

★ 喜欢
xǐhuan 시환

동 좋아하다,
사랑하다

★ 弹
tán 탄

동 튕기다, 연주하다,
치다

시험에 꼭 나오는 **문법** 语法

1. 得 구조조사

得는 **구조조사**로 동사나 형용사의 뒤에 쓰여 **결과나 정도를 나타내는 보어를 연결시키는 역할**을 한다.

$$\boxed{\text{동사 / 형용사}} + 得 + \boxed{\text{정도보어}}$$

예 他 <u>说</u> 得 好。　　그는 말을 잘 한다.
　　주어　동사　　정도보어

天气热得很。　　　　　날씨가 몹시 덥다.　　*天气 tiānqì 날씨
　　　　　　　　　　　　　　　　　　　　　　　*热 rè 덥다

2. 地 구조조사

地는 **구조조사**로 2음절 형용사가 **상황어가 되어 뒤의 동사를 수식**할 때 그 사이에 쓴다.

예 认真 地 学 汉语。　착실히 중국어 공부를 한다.
　형용사　　동사

유의점 **的, 地, 得의 비교**

的 명사 + 的 + 명사　　　예 我 的 书　　　나의 책

地 형용사 + 地 + 동사　　예 热烈 地 欢迎　열렬히 환영한다.

得 동사 + 得 + 정도보어　예 读 得 很好　　매우 잘 읽는다

地는 구조조사로 쓰일 때는 地 de로 읽고, 명사로 쓰일 때는 地 dì 로 읽는다.

구조조사로 쓰일 때의 발음	명사로 쓰일 때의 발음
热烈地欢迎 열렬히 환영한다. rèliè de huānyíng	中国的土地 중국의 토지 Zhōngguó de tǔdì

3. ···不但···而且 의 형식

복합문에서 앞문장에 접속사 不但을 붙여 쓰면 뒷문장에는 접속사 而且 및 부사
也, 还 등과 호응을 이룬다.
그 뜻은 ~뿐만 아니라 또한 ~이다.

···不但 ··· 而且 ··· ~뿐만 아니라 또한 ~하다

예 他不但学习好，而且唱得也好。
그는 공부도 잘 할 뿐만 아니라 또한 노래도 잘 부른다.

정말??

1 주어진 단어에 주의하며, 녹음을 잘 듣고 대화를 완성하세요.

Track
54

① **得**

A : _____ ?　　B : _____ 。

그는 잘 읽니?　　　　　　　　　　　그는 매우 잘 읽어.

A : _____ ?　　B : _____ 。

그는 글 쓰는게 어떠니?　　　　　　그는 잘 쓰지 못해.

② **会**

A : _____ ?　　B : _____ 。

너는 말할 줄 아니?　　　　　　　　나는 말할 줄 알아.

A : _____ ?　　B : _____ 。

너는 들을 줄 아니?　　　　　　　　나는 들을 줄 알아.

③ **爱好**

A : _____ ?　　B : _____ 。

당신의 취미는 무엇입니까?　　　　제 취미는 스포츠입니다.

A : _____ ?　　B : _____ 。

당신의 취미는 무엇입니까?　　　　제 취미는 독서입니다.

④ **喜欢**

A : _____ ?　　B : _____ 。

당신은 TV를 즐겨 봅니까?　　　　전 TV를 즐겨보지 않습니다.

A : _____ ?　　B : _____ 。

당신은 그녀를 좋아합니까?　　　　네, 그녀를 좋아합니다.

2 아래 빈칸을 채워 대화를 완성하세요. 填空

A : 他汉语学得怎么样呢?

그가 중국어 학습을 하는 것이 어떻습니까?

B : ☐ 不但 ☐ , 而且 ☐ 也 ☐ 。

그는 중국어 학습도 잘 할뿐만 아니라, 영어 또한 잘 한다.

A : 你的汉语成绩比他怎么样?

당신의 중국어 성적은 그보다 어떻습니까?

B : ☐ 跟 ☐ 差不多 。

저는 그와 차이가 거의 없습니다.(비슷합니다.)

3 구조조사 **的, 得, 地** 를 중에 알맞은 글자를 ☐ 안에 써 넣으세요.

1 他走 ☐ 很快 。

그는 매우 빨리 간다.

2 他英语学 ☐ 怎么样呢?

그의 영어 학습은 어떻습니까?

3 他高兴 ☐ 来到中国 。

그는 기뻐하면서 중국에 왔다.

4 这是我 ☐ 课本 。

이것은 저의 교과서입니다.

5 我们热烈 ☐ 欢迎他来 。

우리는 그가 오는 것을 열렬히 환영합니다.

6 他歌唱 ☐ 怎么样?

그가 노래 부르는 것이 어떻습니까?

7 好好 ☐ 说话吧 。

잘 말하거라.

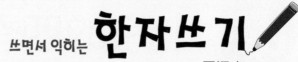
한자를 필순에 맞게 써 보세요.

得	得
de 득	구조조사

说	说
shuō 설	말하다

真	真
zhěn 진	진실하다, 진짜이다

流	流
liú 류	흐르다, 순조롭다

而	而
ér 이	접속사

歌	歌
gē 가	노래

喜	喜
xǐ 희	기뻐하다

迎	迎
yíng 영	맞이하다

그는 중국어를 매우 유창하게 말한다. _123

 第十四課

北京的四季

běijīng de sìjì 베이징 더 쓰지

A 베이징(북경)의 봄은 어떻습니까?

北京的春天怎么样? 베이징 더 춘티앤 쩐머양

Běijīng de chūntiān zěnmeyàng

B 베이징의 봄은 비록 따뜻하지만, 때로는 바람이 세게 붑니다.

北京的春天, 虽然很暖和, 但是有时侯, 刮大风。

Běijīng de chūntiān   suīrán hěn nuǎnhuo   dànshì yǒu shíhou   guā dà fēng
베이징 더 춘티앤   쒜이란 헌 누안후어   딴스 요우 스호우   꽈 따 펑

A 베이징의 여름 날씨는 어떻습니까?

北京的夏天天气怎么样? 베이징 더 샤티앤 티앤치 쩐머양

Běijīng de xiàtiān tiānqì zěnmeyàng

B 날씨가 매우 덥지만, 종종 소나기가 옵니다.

天气很热, 但是常常有阵雨。 티앤치 헌 러, 딴스 챵챵 요우 쩐위

Tiānqì hěn rè   dànshì chángcháng yǒu zhènyǔ

A 베이징의 가을은 어떻습니까?

北京的秋天怎样呢? 베이징 더 치유티앤 쩐양 너

Běijīng de qiūtiān zěnyàng ne

B 가을은 춥지도 덥지도 않을 뿐만 아니라, 비도 자주 오지 않고,
또한 바람도 적게 붑니다.

秋天不冷不热, 不但不常下雨, 而且也少刮风。

Qiūtiān bù lěng bú rè   búdàn bù cháng xiàyǔ   érqiě yě shǎo guāfēng
치유티앤 뿌 렁 뿌 러   뿌딴 뿌 챵 샤위   얼치에 예 샤오 꽈펑

베이징의 사계절

A 겨울은요?

冬天呢? 똥티앤 너

Dōngtiān ne

B 겨울은 춥고, 항상 눈이 내립니다.

冬天天气冷, 常常下雪。 똥티앤 티앤치 렁, 챵챵 샤쉬에

Dōngtiān tiānqì lěng　chángcháng xiàxuě

A 당신은 챵청(장성)으로 여행 갔었나요?

你到长城去旅游过吗? 니 따오 챵청 취 뤼요우 꿔 마

Nǐ dào Chángchéng qù lǚyóu guo ma

B 원래 가려고 했는데, 비가 와서 못 갔습니다.

我本来想去, 因为下雨, 所以没有去成。

Wǒ běnlái xiǎng qù　yīnwèi xiàyǔ　suǒyǐ méiyǒu qù chéng

위 번라이 샹 취　인웨이 샤위　쒀이 메이요우 취청

 설명 注释

❶ 下 xià 샤 는 중국어에서 명사로 쓰이는 경우에는 아래, 밑의 뜻을 나타내지만 동사인 경우에는 내리다의 뜻으로 사용된다.

명사로 쓰이는 경우		동사로 쓰이는 경우	
桌子下边	탁자 밑	下雨	비가 오다
下等	하등의, 하급의	下班	퇴근하다
下半年	하반년	下车	차에서 내리다(하차하다)

새 단어 生词

★ **四季**
sìjì 쓰지
명 사계절

★ **春天**
chūntiān 춘티앤
명 봄

★ **虽然**
suīrán 쒜이란
접 비록 ~할지라도

★ **暖和**
nuǎnhuo 누안후어
형 따뜻하다, 온난하다

★ **但是**
dànshì 딴스
접 그러나

★ **时候**
shíhou 스호우
명 시간, 때.
부 이따금, 경우에 따라서

★ **刮**
guā 꽈
동 불다, 깎다, 밀다

★ **风**
fēng 펑
명 바람

★ **夏天**
xiàtiān 샤티앤
명 여름

★ **天气**
tiānqì 티앤치
명 날씨

★ **热**
rè 러
형 덥다, 뜨겁다

★ **常常**
chángcháng 챵챵
부 항상, 늘

★ **阵雨**
zhènyǔ 쩐위
명 소나기

★ **秋天**
qiūtiān 치유티앤
명 가을

★ **冷**
lěng 렁
형 춥다

★ **冬天**
dōngtiān 똥티앤
명 겨울

★ **雪**
xuě 쉬에
명 눈

★ **长城**
Chángchéng 챵청
지명 챵청(장성), 만리장성

★ **旅游**
lǚyóu 뤼요우
명 동 여행(하다), 관광(하다)

★ **过**
guò 꿔
동 지나다, 경과하다
조 동작의 완료나 과거를 나타낸다

★ **因为**
yīnwèi 인웨이
접 ~때문에, ~에 의하여, 왜냐하면

★ **所以**
suǒyǐ 쒀이
접 그래서

시험에 꼭 나오는 문법 语法

1. 접속사 : 虽然~但是~ : 비록 ~하지만

복합문에서 앞문장에는 **虽然~** 을 쓰고 뒷문장에는 **但是~** 을 써서 앞문장과 뒷문장이 서로 상반되는 뜻을 나타낸다.

虽然 ~ 但是 ~ 비록 ~하지만

> 예 他**虽然**汉语说得很流利, **但是**汉字写得不行。
>
> 그는 비록 중국말은 유창하게 하지만, 한자쓰기는 안 된다.
>
> 春天 **虽然** 很美丽, **但是** 不长。
>
> 봄은 비록 매우 아름답지만, 길지 않다.

* 美丽 měili 아름답다

2. 접속사 : 因为~所以 : ~하기 때문에 그래서~

복합문에서 **~하기 때문에 그래서~** 의 뜻으로 전후 인과관계를 나타낸다. 해석할 때 때로는 **因为** 의 의미는 생략되고 **所以** 만 해석되는 경우가 많다.

因为 ~ 所以 ~ ~하기 때문에 그래서~

> 예 **因为**他忙, **所以**没来。
>
> 그는 바빠서 오지 않았다. (그는 바빴기 때문에 그래서 오지 못했다)
>
> **因为**他上班, **所以**没去。
>
> 그는 출근해서 가지 못했다. (그는 출근했기 때문에 그래서 가지 못했다.)

3. 有时候와 有的의 구별

有时候는 때로는, 어느 때, 이따금, 경우에 따라서등의 뜻으로 병렬적 관계를 나타
낼 때 쓰이지만 접속사는 아니다.

有时候 때로는, 어느 때, 이따금, 경우에 따라서

예 **有时候**下雨, **有时候**下雪, **有时候**刮大风。
   어느 때는 비가 오고, 어느 때는 눈이 오고, 어느 때는 바람이 세게 분다.

有的는 어떤 사람, 어떤 것의 뜻을 가진 대명사로 병렬적 관계를 나타내는 대상을
설명할때 쓰인다

有的   어떤 사람, 어떤 것

예 **有的**学生学汉语, **有的**学生看电视, **有的**学生听歌。
   어떤 학생은 중국어를 공부하고, 어떤 학생은 TV를 보고, 어떤 학생은 노래를 듣는다.

新HSK 완전 정복!!

综合练习

1 주어진 단어를 넣어 완전한 문장을 만들고 읽어 보세요.

Track 57

1 暖和 ➡ 　　　　　　　　　　　　　　　　　　　　。

　　　　　　베이징의 봄은 따뜻하다.

2 不冷不热 ➡ 　　　　　　　　　　　　　　　　　　　　。

　　　　　　서울의 가을은 춥지도 덥지도 않다.

3 常常 ➡ 　　　　　　　　　　　　　　　　　　　　。

　　　　　　여름에는 항상 비가 온다.

2 녹음을 잘 듣고, 대화를 완성하세요. 完成会话

1 A : 　　　　　　　　　　　　　　　　?

　　　너 중국어를 할 수 있니?

B : 　　　　　会 　　　　　。

　　　나는 중국어를 할 수 있어.

A : 　　　　用 　　　　?

　　　너는 펜을 사용하니?

B : 　　　　　　　　　　　　　　。

　　　나는 펜을 사용하지 않아.

A : 　　　　　　　　　怎么样 ?

　　　당신의 영어는 어떻습니까?

B : 　　　　　　　　虽然 　　　　, 但是 　　　　　　　　　。

　　　저는 비록 영어를 조금 잘 하지만 그러나 때로는 잘 모르겠습니다.

② A : [   ] 有时侯 [   ] 也 [   ] ?

서울은 때때로 센 바람이 불고 또 큰 비가 옵니까?

B : [   ] 。

네, 때때로 센 바람이 불고 또 큰 비가 옵니다.

A : [   ] ?

서울의 가을은 어떻습니까?

B : [   ] 不但 [   ] 而且 [   ] 。

춥지도 덥지도 않을 뿐만 아니라, 늘 비도 오지 않으며 또한 센 바람도 적게 붑니다.

A : 他来没来?

그가 왔습니까? 오지 않았습니까?

B : [   ] , 因为 [   ] , 所以 [   ] 。

그는 원래 오려 했는데, 비가 와서 오지 않았습니다.

③ 한자에 병음과 성조를 달아보세요.

北京的四季。春暖和，夏热，秋不冷不热。

[   ]

有时侯刮大风，不常下雨。

[   ]

到长城去旅游过。

[   ]

因为下雨，所以没有去成。

[   ]

쓰면서 익히는 **한자쓰기**

写汉字

한자를 필순에 맞게 써 보세요.

虽 suī 수	虽 ~이지만			
夏 xià 하	夏 여름			
阵 zhèn 진	阵 진지, 진영			
雨 yǔ 우	雨 비			
旅 lǚ 여	旅 여행하다			
城 chéng 성	城 성			
因 yīn 인	因 ~때문에			
为 wèi 위	为 ~때문에			
暖 nuǎn 난	暖 따뜻하다			
所 suǒ 소	所 장소, 곳			

CHAPTER ❸

단어장 1~14과 단어

生词

第1课
你好吗?
Nǐ hǎo ma 니 하오 마

你 nǐ 니	대 너, 당신
好 hǎo 하오	형 좋다
吗 ma 마	조 의문문의 끝에서 의문을 나타내는조사
我 wǒ 워	대 나, 저
我们 wǒmen 워먼	대 우리들, 저희들
很 hěn 헌	부 아주, 매우
呢 ne 너	조 문장의 끝에서 강조나 선택 또는 수식을 나타내는 조사
也 yě 예	부 ~도, 역시
都 dōu 또우	부 모두, 다
他 tā 타	대 그, 그 사람
她 tā 타	대 그녀
忙 máng 망	형 바쁘다

累 lèi 레이	형 힘들다, 피곤하다
饿 è 어	형 배고프다
渴 kě 커	형 목마르다, 갈증이 나다
爸爸 bàba 빠바	명 아버지
妈妈 māma 마마	명 어머니
不 bù 뿌	부 ~이 아니다

아버지

이 분은 우리 아버지가
이니여요~~

단어장

第 2 课
他是谁?
Tā shì shéi? 타 스 셰이

是
shì 스
- 형 맞다, 옳다
- 동 ~이다

谁
shéi 셰이
- 대 누구, 누가

请
qǐng 칭
- 동 요구하다
- ~하세요 상대에게 부탁하거나 권할 때 쓰는 경어

问
wèn 원
- 동 묻다

汉语
hànyǔ 한위
- 명 중국어

老师
lǎoshī 라오스
- 명 선생님

的
de 더
- 구조조사
  조 소속관계를 나타내는 관형어로 쓰인다

朋友
péngyou 펑요우
- 명 친구

学生
xuésheng 쉬에성
- 명 학생

韩国
Hánguó 한궈
- 명 한국

留
liú 리유
- 동 머무르다, 체재하다

留学生
liúxuéshēng 리유쉬에셩
- 명 유학생

第 3 课

这是什么?

Zhè shì shénme? 쩌 스 선머

这 zhè 쩌	대	이, 이것
什么 shénme 선머	대	무엇
书 shū 슈	명	책
那 nà 나	대	저것, 그것
哪 nǎ 나	대	어느, 어느 것
个 gè 거	양	~개, ~명 사람이나 사물을 셀 때 쓰는 단위
课本 kèběn 커번	명	교과서
报纸 bàozhǐ 빠오즈	명	신문, 신문지
手机 shǒujī 쇼우지	명	핸드폰
和 hé 허	접	~와, ~과
电脑 diànnǎo 띠앤나오	명	컴퓨터

第4课 多少钱?

Duōshao qián? 뒈샤오 치앤

要 yào 야오	조동 ~하려고 하다, ~할 것이다 동 원하다
买 mǎi 마이	동 사다
两 liǎng 량	수 둘, 2
面包 miànbāo 미옌빠오	명 빵
一共 yígòng 이꿍	부 합계, 전부, 모두
块(元) kuài(yuán) 콰이(위옌)	양 위엔(중국 화폐 단위)
毛(角) máo(jiǎo) 마오(쟈오)	양 0.1위엔(1위엔의 10분의 1)
词典 cídiǎn 츠디옌	명 사전
多少 duōshao 뚸샤오	대 얼마, 몇
钱 qián 치옌	명 돈
一本 yì běn 이 번	수량 한 권
一杯 yì bēi 이 뻬이	수량 한 컵, 한 잔

咖啡
kāfēi 카페이

명 커피

零
líng 링

수 0, 영

一
yī 이

수 1, 하나

二
èr 얼

수 2, 둘

三
sān 싼

수 3, 셋

四
sì 쓰

수 4, 넷

五
wǔ 우

수 5, 다섯

六
liù 리유

수 6, 여섯

七
qī 치

수 7, 일곱

八
bā 빠

수 8, 여덟

九
jiǔ 지유

수 9, 아홉

十
shí 스

수 10, 열

第 5 课

我来介绍一下。
Wǒ lái jièshào yíxià
위 라이 찌에샤오 이샤

来 lái 라이	통 오다
介绍 jièshào 찌에샤오	통 소개하다
一下 yíxià 이샤	수량 한번, 좀
认识 rènshi 런스	통 알다, 인식하다
高兴 gāoxìng 까오씽	형 기쁘다, 반갑다
叫 jiào 찌야오	통 외치다, ～라고 부르다
名字 míngzi 밍즈	명 이름
班 bān 빤	명 양 반
教室 jiàoshì 찌야오스	명 교실
大 dà 따	형 크다
小 xiǎo 시야오	형 작다
新 xīn 신	형 새롭다

同学 tóngxué 통쉬에	몧 학우, 동급생
厚 hòu 호우	혱 두껍다
爱人 àirén 아이런	몧 처, 애인
漂亮 piàoliang 퍄오량	혱 예쁘다, 아름답다
极了 jí le 지 러	뷔 매우, 몹시, 극히, 아주
女儿 nǚ'ér 뉘얼	몧 딸, 여자아이
聪明 cōngming 총밍	혱 영리하다, 총명하다
可爱 kě'ài 커아이	혱 귀엽다, 사랑스럽다
看 kàn 칸	동 보다
帅 shuài 슈아이	혱 멋지다, 잘생기다

第 6 课

他在哪里工作?

Tā zài nǎli gōngzuò
타 짜이 나리 꽁쭤

在 zài 짜이	전 ~에서 동 ~에 있다, ~하고 있다
哪里 nǎli 나리	대 어디, 어느 곳
里 lǐ 리	명 안, 속
工作 gōngzuò 꽁쭤	명 일, 작업, 업무 동 일하다, 노동하다
公司 gōngsī 꽁쓰	명 회사
办公 bàngōng 빤꽁	동 사무보다
办公室 bàngōngshì 빤꽁스	명 사무실
楼 lóu 로우	명 빌딩, 건물
就 jiù 찌우	부 바로, 곧
离 lí 리	전 ~로부터, ~에서
远 yuǎn 위앤	형 멀다
一直 yì zhí 이즈	부 똑바로, 줄곧

往
wǎng 왕

전 ~쪽으로, ~을 향해

前
qián 치앤

명 앞, 앞쪽

走
zǒu 조우

동 걷다, 걸어가다

到
dào 따오

동 도착하다

能
néng 넝

조동 ~할 수 있다, ~될 수 있다

坐
zuò 쮀

동 앉다

车
chē 처

명 차, 자동차

去
qù 취

동 가다

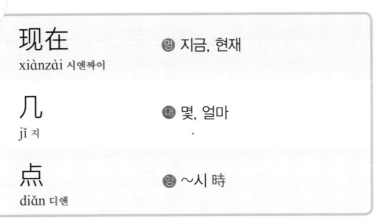

第 7 课
现在几点?
Xiànzài jǐ diǎn?
시앤짜이 지 디앤

现在
xiànzài 시앤짜이

명 지금, 현재

几
jǐ 지

대 몇, 얼마

点
diǎn 디앤

양 ~시 時

刻 kè 커	양 15분
半 bàn 빤	수 반, 30분
早饭 zǎofàn 자오판	명 아침식사
午饭 wǔfàn 우판	명 점심식사
晚饭 wǎnfàn 완판	명 저녁식사
时候 shíhou 스호우	명 때
吃 chī 츠	동 먹다
上课 shàngkè 샹커	동 수업하다, 수업받다
下课 xiàkè 시아커	동 수업이 끝나다
从...到... cóng...dào... 총...따오...	~부터 ~까지
上午 shàngwǔ 샹우	명 오전
今天 jīntiān 진티앤	명 오늘

月
yuè 위에 　　　　　　　명 월, 달

号(日)
hào(rì) 하오(르) 　　　　명 일, 날짜

星期
xīngqī 싱치 　　　　　　명 요일, 주

星期三
xīngqīsān 싱치싼 　　　명 수요일

星期天(星期日) 명 일요일
xīngqītiān(xīngqīrì) 싱치티앤(싱치르)

星期六
xīngqīliù 싱치리유 　　　명 토요일

咱们
zánmen 잔먼 　　　　　대 상대방을 포함하는 우리

公园
gōngyuán 꿍위앤 　　　명 공원

怎么样
zěnmeyàng 전머양 　　　대 어떠한가, 어떻게

啊
a 아 　　　　　　　　조 문장 끝에 쓰여 긍정을 나타낸다

出发
chūfā 츄파 　　　　　　동 출발하다

行
xíng 싱 　　　　　　　　동 행하다, 가다
　　　　　　　　　　　　형 좋다, 괜찮다

见面 jiànmiàn 지앤미앤	통 만나다
差 chà 챠	형 부족하다, 모자라다
分 fēn 펀	양 ~분
学校 xuéxiào 쉬에샤오	명 학교
门口 ménkǒu 먼코우	명 입구
等 děng 덩	통 기다리다
年 nián 니앤	명 해, 년
大前天 dàqiántiān 따치앤티앤	명 그끄저께
前天 qiántiān 치앤티앤	명 그저께
昨天 zuótiān 쭤티앤	명 어제
明天 míngtiān 밍티앤	명 내일
后天 hòutiān 호우티앤	명 모레

大后天
dàhòutiān 따호우티앤
명 글피

生日
shēngrì 성르
명 생일

早上
zǎoshang 자오샹
명 아침

起
qǐ 치
동 일어나다

床
chuáng 촹
명 침대

第8课
他正在工作呢。
Tā zhèngzài gōngzuò ne
타 쩡짜이 꿍쭤 너

正在 zhèngzài 쩡짜이	부 ~하고 있다, 마침(한창) ~하는 중이다,
呢 ne 너	조 문장 끝에 의문을 나타내거나 사실을 확인하는 어기조사
听 tīng 팅	동 듣다
广播 guǎngbō 광보	명 라디오방송
着 zhe 져	조 ~하고 있다
电视 diànshì 띠앤스	명 텔레비전, TV
播放 bōfàng 보팡	동 방송하다
想 xiǎng 샹	조동 바라다, ~하려 한다, ~하고 싶다 동 생각하다
国际 guójì 꿔지	명 국제
新闻 xīnwén 신원	명 뉴스
那么 nàme 나머	부 그럼, 그러면
一起 yìqǐ 이치	부 같이, 함께

吧 ba 바	조 문장 끝에 쓰여 제의, 명령, 추측, 청구 등을 나타낸다
经理 jīnglǐ 징리	명 지배인(사장)
会议(室) huìyì(shì) 훼이이(스)	명 회의(실)
开会 kāihuì 카이훼이	동 회의하다

第9课
宿舍楼在教学楼北边。
Sùshè lóu zài jiàoxuélóu běibian
쑤서 로우 자이 찌아오쉐에로우 베이비엔

里边 lǐbian 리비앤	명 안쪽, 내부
办公楼 bàngōnglóu 빤꽁로우	명 오피스텔
图书馆 túshūguǎn 투슈관	명 도서관
宿舍 sùshè 쑤셔	명 기숙사

南边 nánbian 난비앤	명 남쪽
北边 běibian 베이비앤	명 북쪽
西边 sībian 시비앤	명 서쪽
东边 dōngbian 똥비앤	명 동쪽
上边 shàngbian 샹비앤	명 윗쪽
中间 zhōngjiān 쫑지앤	명 중간
下边 xiàbian 시아비앤	명 아랫쪽
前边 qiánbian 치앤비앤	명 앞쪽
后边 hòubian 호우비앤	명 뒷쪽
左边 zuǒbian 쭤비앤	명 왼쪽
右边 yòubian 요우비앤	명 오른쪽
商店 shāngdiàn 샹띠앤	명 상점

银行
yínháng 인항

⊞ 은행

还
hái 하이

⊞ 아직, 여전히, 또

有
yǒu 요우

⊞ 있다, 소유하다

电影院
diànyǐngyuàn 띠엔잉위앤

⊞ 영화관

药店
yàodiàn 야오띠엔

⊞ 약국

饭馆儿
fànguǎnr 판괄

⊞ 음식점

附近
fùjìn 푸진

⊞ 부근

对面
duìmiàn 뛔이미앤

⊞ 맞은편

旁边
pángbiān 팡비앤

⊞ 옆

座位
zuòwèi 쭤웨이

⊞ 자리, 좌석

桌子
zhuōzi 쮸어즈

⊞ 탁자, 테이블

台灯
táidēng 타이떵

⊞ 탁상등

단어장

书包 shūbāo 슈빠오	명 책가방
英国 Yīngguó 잉궈	명 영국
美国 Měiguó 메이궈	명 미국
德国 Déguó 더궈	명 독일
法国 Fǎguó 파궈	명 프랑스
各国 gèguó 꺼궈	명 각 나라, 여러 나라

第 10 课

他的学习成绩比我好。

Tā de xuéxí chéngjì bǐ wǒ hǎo

타 더 쉬에시 청찌 비 워 하오

哥哥 gēge 꺼거	명 형, 오빠
念书 niànshū 니앤슈	동 공부하다
研究生 yánjiūshēng 이앤지유셩	명 연구생, 대학원생

研究生院 명 대학원
yánjiūshēngyuàn 이옌지유셩위앤

读书 동 책을 읽다, 공부하다
dúshū 두슈

学习 동 공부하다, 학습하다
xuéxí 쉬에시 명 학습

成绩 명 성적
chéngjì 쳥찌

比 전 ～에 비하여, ～보다
bǐ 비

进步起 명 진보
jìnbù 진뿌

快 형 빠르다
kuài 콰이

得多 훨씬 ～이다
de duō 더 뚸

今年 명 금년
jīnnián 진니엔

农村 명 농촌
nóngcūn 농춘

情况 명 정황, 상황
qíngkuàng 칭쾅

怎样 대 어떻게, 어떠하냐
zěnyàng 전양

단어장

去年 qùnián 췌니옌	명 작년
农民 nóngmín 농민	명 농민
生活 shēnghuó 셩후어	명 생활
越 yuè 위에	동 뛰어넘다 부 점점
幸福 xìngfú 씽푸	형 행복하다

第 11 课
在商场购物。
zài shāngchǎng gòuwù
짜이 샹챵 꼬우우

手机 shǒujī 쇼우지	명 핸드폰
给 gěi 게이	동 주다 전 ~에게
左右 zuǒyòu 쭤요우	명 내외, 안팎, 가량 부 좌우간, 결국, 어차피

牌子 páizi 파이즈	명 상표, 브랜드
质量 zhìliàng 즈량	명 품질
又 yòu 요우	부 또, 다시, 거듭
价钱 jiàqián 지아치앤	명 가격
便宜 piányi 피앤이	형 싸다
样子 yàngzi 양즈	명 모양, 모습
挺 tǐng 팅	부 매우, 아주, 대단히
好看 hǎokàn 하오칸	형 보기 좋다
双 shuāng 슈앙	양 ~쌍, ~켤레
鞋 xié 시에	명 신발
号 hào 하오	명 사이즈
可以 kěyǐ 커이	조동 ~할 수 있다

试 shì 스	图 해보다, 시도하다, 시험하다
有点儿 yǒudiǎnr 요우디얼	图 조금, 약간
一点儿 yìdiǎnr 이디얼	图 조금, 약간
合适 héshì 허스	图 적당하다, 알맞다
件 jiàn 찌앤	图 ~벌, ~건
白 bái 바이	图 희다, 하얗다
真丝 zhēnsī 쩐스	图 실크
衬衣 chènyī 쳔이	图 셔츠
别 bié 비에	图 다른, 별개의
颜色 yánsè 이앤써	图 색, 색깔
没有 méiyǒu 메이요우	图 없다
只 zhǐ 즈	图 단지, ~만

种
zhǒng 종

양 종류, 가지

太
tài 타이

부 매우, 너무, 몹시, 지나치게

贵
guì 꿰이

형 비싸다, 귀중하다, 가치가 높다

再
zài 짜이

부 재차, 다시 한 번, 또

卖
mài 마이

동 팔다

商场
shāngchǎng 샹챵

명 상가

购物
gòuwù 꼬우우

상품을 사다

第 12 课

你家都有什么人？

Nǐ jiā dōu yǒu shénme rén

니 쟈 또우 요우 션머 런

家 jiā 쟈	명 집, 가정
当然 dāngrán 땅란	부 당연히, 물론
父母 fùmǔ 푸무	명 부모
姐姐 jiějie 지에제	명 누나, 언니
兄弟 xiōngdì 슝띠	명 형제
姐妹 jiěmèi 지에메이	명 자매
独生子 dúshēngzǐ 두셩즈	명 외아들, 독자
父亲 fùqin 푸친	명 아버지, 부친
医院 yīyuàn 이위앤	명 병원
医生 yīshēng 이셩	명 의사
早 zǎo 짜오	부 일찍이, 벌써, 이미

上班
shàngbān 상빤

동 출근하다

下班
xiàbān 샤빤

동 퇴근하다

母亲
mǔqin 무친

명 어머니, 모친

操持
cāochí 차오츠

동 사무를 처리하다, 관리하다,
돌보다, 경영하다

家务
jiāwù 쟈우

명 가사, 집안일

做
zuò 쭤

동 하다, 일하다, 만들다

机关
jīguān 지꽌

명 기관

公务员
gōngwùyuán 꽁우위엔

명 공무원

职员
zhíyuán 즈위엔

명 직원

年纪
niánjì 니엔지

명 연령, 나이

岁
suì 쒜이

양 ~세, ~살 (나이세는 단위)

秘密
mìmì 미미

명 비밀
형 비밀스럽다

단어장

第 13 课

他汉语说得很流利。

Tā hànyǔ shuō de hěn liúlì

타 한위 슈어 더 헌 리유리

得 de 더	동사나 형용사와 정도보어를 연결해주는 **구조조사**
认真 rènzhēn 런쩐	형 착실하다, 진실하다, 성실하다
不但 búdàn 부딴	접 ~뿐만 아니라
会 huì 훼이	조동 ~할 수 있다
而且 érqiě 얼치에	접 또한, ~뿐만 아니라
说 shuō 슈어	동 말하다
流利 liúlì 리유리	형 유창하다
爱好 àihào 아이하오	명 애호, 취미 동 애호하다
唱歌 chànggē 챵꺼	동 노래하다
喜欢 xǐhuan 시환	동 좋아하다, 사랑하다
弹 tán 탄	동 튕기다, 연주하다, 치다

钢琴
gāngqín 깡친

명 피아노

跟
gēn 껀

전 ～와(과),
비교의 대상을 이끌어 들일 때 쓰인다

差不多
chà bu duō 챠 부 뚸

형 큰 차이가 없다,
거의 비슷하다, 대강 같다

热烈
rèliè 러리에

형 열렬하다

地
de 더

단어 또는 절이나 구 뒤에 붙어
상황어를 만든다.

欢迎
huānyíng 환잉

동 환영하다, 즐겁게 맞이하다

谢谢
xièxie 시에시에

감사합니다, 고맙습니다

고맙습니다~   감사합니다~

第 14 课 北京的四季
běijīng de sìjì
베이징 더 쓰지

四季 sìjì 쓰지	명	사계절
春天 chūntiān 츈티앤	명	봄
虽然 suīrán 쒜이란	접	비록 ~할지라도
暖和 nuǎnhuo 누안후어	형	따뜻하다, 온난하다
但是 dànshì 딴스	접	그러나
时候 shíhou 스호우	명 부	시간, 때 때로는, 이따금, 경우에 따라서
刮 guā 꽈	동	불다, 깎다, 밀다
风 fēng 펑	명	바람
夏天 xiàtiān 샤티앤	명	여름
天气 tiānqì 티앤치	명	날씨
热 rè 러	형	덥다, 뜨겁다
常常 chángcháng 챵챵	부	항상, 늘

阵雨 zhènyǔ 쩐위	똉 소나기
秋天 qiūtiān 치유티앤	똉 가을
冷 lěng 렁	똉 춥다
冬天 dōngtiān 똥티앤	똉 겨울
雪 xuě 쉬에	똉 눈
长城 Chángchéng 챵청	지명 챵청(장성), 만리장성
旅游 lǚyóu 뤼요우	똉 여행, 관광 똉 여행하다, 관광하다
过 guò 꿔	똉 지나다, 경과하다 쪼 동작의 완료나 과거를 나타낸다
因为 yīnwèi 인웨이	똉 ~ 때문에, ~에 의하여, 왜냐하면
所以 suǒyǐ 쒀이	똉 그래서
成 chéng 청	똉 이루다, 성공하다, 성사시키다, ~으로 되다

CHAPTER ④

新 HSK 완전 정복!!

해답편

1. 병음 연습 표

1. 병음 연습 표

2-1 녹음을 잘 듣고 성조를 표시해보세요.

예 bi　bǐ ➡ bì

① mo　mō ➡ mó　　⑤ lu　lū ➡ lù

② pa　pà ➡ pā　　⑥ de　dé ➡ dě

③ tu　tǔ ➡ tū　　⑦ fu　fū ➡ fú

④ nu　nǔ ➡ nù　　⑧ ma　mā ➡ mà

2-2 녹음을 잘 듣고 성조를 표시해보세요.

예 fen　fèn ➡ fēn

① mao　máo ➡ mǎo　　⑥ hou fang　hòu fāng ➡ hòu fǎng

② lei　lèi ➡ lěi　　⑦ kai fa　kāi fā ➡ kǎi fà

③ bang　bāng ➡ báng　　⑧ li kai　lí kāi ➡ lì kǎi

④ gen　gēn ➡ gěn　　⑨ wu dao　wǔ dǎo ➡ wǔ dào

⑤ heng　hèng ➡ hěng

3. 얼화운에 유의하여 단어를 읽어 보세요.

* 玩儿 놀다
  wánr
  왈

* 花儿 꽃
  huār
  활(화얼)

* 饭馆儿 식당
  fànguǎnr
  판괄

* 一点儿 조금, 좀
  yìdiǎnr
  이디얼

第 3 课 新 **HSK 완전 정복!!** P. 38~39

1. 병음 연습 표

第 4 课 新 **HSK 완전 정복!!** P. 46

1-1 녹음을 잘 듣고 성조를 표시해보세요.

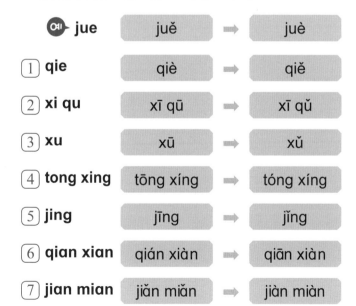

예 jue	juě ⇒ juè
① qie	qiè ⇒ qiě
② xi qu	xī qū ⇒ xī qǔ
③ xu	xū ⇒ xǔ
④ tong xing	tōng xíng ⇒ tóng xíng
⑤ jing	jīng ⇒ jǐng
⑥ qian xian	qián xiàn ⇒ qiān xiàn
⑦ jian mian	jiǎn miǎn ⇒ jiàn miàn

1-2 녹음을 잘 듣고 성조를 표시해보세요.

예 suan	suān	➡	suàn
1 cuo	cuò	➡	cuō
2 ru	rǔ	➡	rú
3 shuang	shuāng	➡	shuǎng
4 zhu	zhū	➡	zhù
5 rui	ruì	➡	ruǐ
6 zheng jie	zhěng jié	➡	zhèng jié
7 chuan qi	chuān qí	➡	chuán qí
8 xin suan	xīn suān	➡	xīn suàn
9 si xiang	sī xiǎng	➡	sì xiàng

1. 주어진 단어로 하나의 완전한 문장을 만들어 보세요. 连词成句

① 这　什么　是　　➡　这是什么 ?

이것은 무엇입니까?

② 书　新　很　　➡　书很新 。

책이 매우 새것이다.

③ 极了　漂亮　她　　➡　她漂亮极了 。

그녀는 매우 예쁘다.

④ 来　一下　介绍　我　➡　我来介绍一下 。

제가 소개 좀 하겠습니다.

2. 是 또는 不是 로 아래 빈칸을 채우세요. 填空

① 她 不是 留学生, 是 老师 。

그녀는 유학생이 아니고, 선생님이다.

② 她 不是 妈妈, 是 学生 。

그녀는 엄마가 아니고, 학생이다.

③ 这 不是 词典, 是 课本 。

이것은 사전이 아니고, 교과서이다.

④ 这 不是 纸, 是 报纸 。

이것은 종이가 아니고, 신문이다.

1. 주어진 단어로 하나의 완전한 문장을 만들어 보세요. 连词成句

① 那个楼里 就 在 办公室 ➡ 办公室就在那个楼里 。

사무실이 바로 저 건물에 있다.

② 这儿 离 不远 ➡ 离这儿不远 。

여기에서 멀지 않다.

③ 车 能 坐 吗 ➡ 能坐车吗 ?

차를 탈 수 있습니까?

2. B의 답을 보고 질문을 만들어 보세요.

① A : 他在那里工作 ?　　B : 他在公司里工作。

그는 어디에서 일합니까?　　　　그는 회사에서 일합니다.

② A : 能不能 ?　　B : 能 。

가능한가요?　　　　가능해요.

3. 녹음을 잘 듣고, 빈칸을 채우세요. 填空

① A : 她是 你的 朋友吗?　　B : 她是 我的 朋友 。

그녀는 당신의 친구인가요?　　　　그녀는 내 친구입니다.

② A : 请问, 他是留学生吗 ?　　B : 是 , 是留学生

실례지만, 그는 유학생인가요?　　　　네, 유학생입니다.

1. 교체연습을 해보세요. 替换练习

예 今天 ⇒ 今天七月十号 。 ⇒ 今天星期四。 。
오늘은 7월 10일이다. 오늘은 목요일이다.

1 明天 ⇒ 明天七月十一号 。 ⇒ 明天星期五 。
　내일 내일은 7월 11일이다. 내일은 금요일이다.

2 后天 ⇒ 后天七月十二号 。 ⇒ 后天星期 六 。
　모레 모레는 7월 12일이다. 모레는 토요일이다.

3 大后天 ⇒ 大后天七月十三号 。 ⇒ 大后天星期日(天) 。
　글피 글피는 7월 13일이다. 글피는 일요일이다.

4 昨天 ⇒ 昨天七月九号 。 ⇒ 昨天星期三 。
　어제 어제는 7월 9일이다. 어제는 수요일이다.

5 前天 ⇒ 前天七月八号 。 ⇒ 前天星期二 。
　그저께 그저께는 7월 8일이다. 그저께는 화요일이다.

6 大前天 ⇒ 大前天七月七号 。 ⇒ 大前天星期一 。
　그끄저께 그끄저께는 7월 7일이다. 그끄저께는 월요일이다.

2. 녹음을 잘 듣고, 빈칸을 채우세요. 填空

A : 今天几号 ? 오늘이 며칠이지?

B : 今天八月十五号 。 오늘은 8월 15일이야.

A : 昨天你去哪儿了? 너는 어제 어디에 갔었니?

B : 昨天我去公园了 。 나는 어제 공원에 갔었어.

A : 今天是星期几 ? 오늘이 무슨·요일이지?

B : 今天是星期三 。 오늘은 수요일이야.

1. 병음은 한자로, 한자는 병음으로 옮겨 쓰세요.

① Xiànzài jīnglǐ zài nǎr?　➡　现在经理在哪儿 ?

지금 사장님은 어디에 계세요?

② Bù, kàn zhe diànshì ne　➡　不．看着电视呢 。

아니에요. TV를 보고 있어요.

③ Nàme, yìqǐ kàn ba　➡　那么．一起看吧 。

그럼. 함께 봅시다.

④ 播放着国际新闻。　➡　Bōfàng zhe quójì xīnwén 。

국제뉴스를 방송하고 있어요.

⑤ 会议室里等着。　➡　Huìyìshì lǐ děng zhe 。

회의실에서 기다리고 있어요.

2. 주어진 단어로 어순에 맞게 문장을 만들어 보세요.

① 看 书 正在 老师 着　➡　老师正在看着书 。

선생님은 책을 보고 계신다.

② 正在 他 等 你 着 呢　➡　他正在等着你呢 。

그는 당신을 기다리고 있어요.

③ 一起 我们 学 吧 汉语　➡　我们一起学汉语吧 。

우리 함께 중국어를 배웁시다.

④ 上课 时候 什么　➡　什么时候上课 ?

언제 수업을 합니까?

3. 질문을 보고 대답을 완성하세요.

① A : 你听什么？
너는 무엇을 듣고 있니?

B : 我听新闻呢 。
나는 뉴스를 듣고 있어.

② A : 他看什么呢 ？
그는 무엇을 보고 있습니까?

B : 他看着书呢。
그는 책을 보고 있습니다.

③ A : 现在几点？
지금 몇 시에요?

B : 现在八点三十分(现在八点半) 。
지금은 8시 30분이에요.

④ A : 今天是几月几号 ？
오늘이 몇 월 며칠인가요?

B : 今天三月五号。
오늘은 3월 5일이예요.

⑤ A : 你去哪儿 ？
어디 가니?

B : 我去上课。
수업받으러 가.

⑥ A : 她是谁 ？
그녀는 누구니?

B : 她是我朋友。
그녀는 나의 친구야.

第 9 课　新HSK 완전 정복!!　| P. 88~90 |

1. 대화를 잘 듣고, 주어진 동사 有, 是, 在 로 대화를 완성하세요.

① **有**

A : 学校里边有书店吗 ？
학교 안에 서점이 있습니까?

B : 学校里边有书店 。
학교 안에 서점이 있습니다.

A : 桌子上有什么？
탁자 위에 무엇이 있습니까?

B : 桌子上有课本 。
탁자 위에 교과서가 있습니다.

A : 附近有银行吗？
근처에 은행이 있습니까?

B : 附近有银行 。
근처에 은행이 있습니다.

A : 你旁边有人吗 ？
당신 옆에 사람이 있습니까?

B : 我旁边有人。
제 옆에 사람이 있습니다.

[2] 是

A : **你前边是谁** ?
너 앞에 누구야?

B : 我前边是龙哲 。
내 앞에는 용철이야.

A : **你后边是谁** ?
너 뒤에는 누구니?

B : 我后边是我的朋友 。
내 뒤에는 나의 친구야.

A : 教学楼北边是宿舍楼吗?
교학 건물 북쪽은 기숙사니?

B : **是. 是宿舍楼** 。
응. 기숙사야.

A : **药店对面是什么** ?
약국 맞은편은 무엇이니?

B : 药店对面是银行 。
약국 맞은편은 은행이야.

[3] 在

A : 老师在哪儿?
선생님은 어디에 계시니?

B : **老师在办公室** 。
선생님은 사무실에 계셔.

A : **台灯在哪儿** ?
스탠드는 어디에 있니?

B : 台灯在桌子上边 。
스탠드는 탁자 위에 있어.

A : 饭馆儿在哪儿?
음식점은 어디에 있니?

B : **饭馆儿在后边** 。
음식점은 뒤쪽에 있어.

A : **美善在哪儿** ?
미선이는 어디에 있니?

B : 美善在图书馆里看书 。
미선이는 도서관에서 책을 보고 있어.

2. 그림을 보고 빈칸에 알맞은 단어를 찾아 넣으세요.

[1] 银行　　은행

[2] 商店　　상점

[3] 电影院　영화관

[4] 药店　　약국

[5] 北京大学　베이징대학(북경대학)

[6] 饭馆　　음식점

[7] 宿舍楼　기숙사 건물

1. 녹음을 잘 듣고, 대화를 완성하세요. 完成会话

① 比

A：他比你大吗?
그는 너보다 크니?

B：<u>他比我大</u>。
그는 나보다 커.

A：<u>你比他快吗</u>?
너는 그보다 빠르니?

B：我比他快得多。
나는 그보다 많이 빨라.

A：他的学习成绩怎样?
그의 학습성적은 어떻습니까?

B：<u>他的学习成绩比我高</u>。
그의 학습성적은 저보다 높습니다.

A：<u>你的书比他多吗</u>?
당신의 책은 그보다 많습니까?

B：我的书比他多得多。
저의 책은 그보다 월씬 많습니다.

② 越

A：他学习汉语怎么样?
그의 중국어 학습은 어떻습니까?

B：<u>他学习汉语越来越好</u>。
그의 중국어 학습은 점점 더 좋아지고 있습니다.

A：<u>农民的生活怎么样</u>?
농민들의 생활은 어떻습니까?

B：农民的生活越来越幸福。
농민들의 생활은 점점 행복해지고 있습니다.

A：他写汉字怎么样呢?
그 남자의 한자 쓰기는 어때?

B：<u>他写汉字越来越好</u>。
그 남자는 점점 잘 쓰고 있어.

A：<u>他的成绩怎么样</u>?
그의 성적은 어때?

B：他的成绩越来越高。
그의 성적은 점점 높아지고 있어.

2. 주어진 구절을 이용하여 문장을 만들어 보세요.

① 比我快得多 ➡ 他的进度比我快得多 。

그의 진도는 나보다 훨씬 빠르다.

② 比我看得多 ➡ 他看电影比我看得多 。

그는 영화를 나보다 더 많이 본다.

③ 越来越好 ➡ 他的汉字写得越来越好 。

그의 한자쓰기는 점점 더 좋아지고 있다.

④ 越听越好听 ➡ 他唱得歌越听越好听 。

그가 부르는 노래는 들으면 들을수록 듣기 좋다.

⑤ 一天比一天好 ➡ 学汉语一天比一天好 。

중국어 학습이 나날이 좋아지고 있다.

⑥ 今天比昨天好得多 ➡ 他的病今天比昨天好得多 。

그의 병은 어제보다 오늘 더 좋아졌다.

1. 주어진 단어를 중첩형식을 이용하여 구절을 만들어 보세요.

1 看 ⟹ 看看 。
좀 봅시다

2 试 ⟹ 试试 。
시험해보다

3 听 ⟹ 听一听 。
한 번 들어보다

4 尝 ⟹ 尝尝 。
맛 좀 보다

5 休息 ⟹ 休息休息 。
좀 쉬다

6 睡 ⟹ 睡睡觉 。
잠 좀 자다

7 介绍 ⟹ 介绍介绍 。
소개 좀 하겠습니다

2. 주어진 단어로 주어진 사물을 설명해 보세요.

주어진 단어 质量，价钱，样子，好，好看，不，贵，便宜，有点儿，又…又…

주어진 사물 电视机，衬衣，鞋

1 电视机 ⟹ 电视机质量又好，价钱又不贵 。
TV가 품질도 좋고 가격도 비싸지 않다.

2 衬衣 ⟹ 衬衣样子又好看，价钱又便宜 。
셔츠가 모양도 보기 좋고 또 값도 싸다.

3 鞋 ⟹ 鞋有点儿贵 。
신발이 좀 비싸다.

1. 녹음을 잘 듣고, 가족 수를 묻는 연습을 하세요.

1　您家

A : 您家有几口人 ?　　B : 我家有七口人 。

당신 가족은 몇 명입니까?　　우리 가족은 7명입니다.

2　老师家

A : 请问，老师家有几口人 ?　　B : 老师家有六口人 。

실례지만, 선생님댁의 가족은 몇 명입니까?　　선생님댁 식구는 6명입니다.

3　姐姐家

A : 你姐姐家有几口人 ?　　B : 我姐姐家有四口人 。

당신 언니네 가족은 몇 명입니까?　　우리 언니네 가족은 4명입니다.

4　哥哥家

A : 你哥哥家有几口人 ?　　B : 我哥哥家有五口人 。

당신 오빠의 가족은 몇 명입니까?　　우리 오빠의 가족은 7명입니다.

2. 주어진 단어를 보고, 직업에 대해 질문하는 연습을 하세요.

1　老师(教员)

A : 您做什么工作 ?　　B : 我是老师(教员) 。

당신은 어떤 일을 합니까?　　저는 교사(교원)입니다.

2　医生

A : 你爸爸做什么工作 ?　　B : 我爸爸是医生 。

너의 아버지는 무슨 일을 하시니?　　저의 아버지는 의사입니다.

3　经理

A : 你哥哥做什么工作 ?　　B : 我哥哥是公司经理 。

너의 형은 무슨 일을 하니?　　우리 형은 회사 사장님이야.

4　公务员

A : 你妹妹做什么工作 ?　　B : 我妹妹是公务员 。

네 여동생은 어떤 일을 하니?　　내 여동생은 공무원이야.

1. 주어진 단어에 주의하며, 녹음을 잘 듣고 대화를 완성하세요.

1　得

A : 他读得好吗 ?　B : 他读得很好 。

그는 잘 읽니?　그는 매우 잘 읽어.

A : 他写得怎么样 ?　B : 他写得不好 。

그는 글 쓰는게 어떠니?　그는 잘 쓰지 못해.

2　会

A : 你会说吗 ?　B : 我会说 。

너는 말할 줄 아니?　나는 말할 줄 알아.

A : 你会听吗 ?　B : 我会听 。

너는 들을 줄 아니?　나는 들을 줄 알아.

3　爱好

A : 你的爱好是什么 ?　B : 我的爱好是体育 。

당신의 취미는 무엇입니까?　제 취미는 스포츠입니다.

A : 你的爱好是什么 ?　B : 我的爱好是看书 。

당신의 취미는 무엇입니까?　제 취미는 독서입니다.

4　喜欢

A : 你喜欢看电视吗 ?　B : 我不喜欢看电视 。

당신은 TV를 즐겨 봅니까?　전 TV를 즐겨보지 않습니다.

A : 你喜欢她吗 ?　B : 是，我喜欢她 。

당신은 그녀를 좋아합니까?　네, 그녀를 좋아합니다.

2. 아래 빈칸을 채워 대화를 완성하세요. 填空

A : 他汉语学得怎么样呢?

그가 중국어 학습을 하는 것이 어떻습니까?

B : 他 不但 汉语学得很好 ，而且 英语 也 很好 。

그는 중국어 학습도 잘 할뿐만 아니라, 영어 또한 잘 한다.

A : 你的汉语成绩比他怎么样?

당신의 중국어 성적은 그보다 어떻습니까?

B : 我 跟 他 差不多。

저는 그와 차이가 거의 없습니다.(비슷합니다.)

3. 구조조사 的, 得, 地를 중에 알맞은 글자를 [   ] 안에 써 넣으세요.

① 他走 得 很快。

그는 매우 빨리 간다.

② 他英语学 得 怎么样呢?

그의 영어 학습은 어떻습니까?

③ 他高兴 地 来到中国。

그는 기뻐하면서 중국에 왔다.

④ 这是我 的 课本。

이것은 저의 교과서입니다.

⑤ 我们热烈 地 欢迎他来。

우리는 그가 오는 것을 열렬히 환영합니다.

⑥ 他歌唱 得 怎么样?

그가 노래 부르는 것이 어떻습니까?

⑦ 好好 地 说话吧。

잘 말하거라.

1. 주어진 단어를 넣어 완전한 문장을 만들고 읽어 보세요.

1　暖和　➡　北京的春天很暖和 。

　　베이징의 봄은 따뜻하다.

2　不冷不热 ➡　首尔的秋天不冷不热 。

　　서울의 가을은 춥지도 덥지도 않다.

3　常常　➡　夏天常常下雨 。

　　여름에는 항상 비가 온다.

2. 녹음을 잘 듣고, 대화를 완성하세요. 完成会话

1　A : 你会说汉语吗 ?

　　너 중국어를 할 수 있니?

　　B : 我 会 说汉语 。

　　나는 중국어를 할 수 있어.

　　A : 你 用 笔吗 ?

　　너는 펜을 사용하니?

　　B : 我不用笔 。

　　나는 펜을 사용하지 않아.

　　A : 你的英语 怎么样 ?

　　당신의 영어는 어떻습니까?

　　B : 我的英语 虽然 好一点儿 , 但是 有时候说不明白 。

　　저는 비록 영어를 조금 잘 하지만, 그러나 때로는 잘 모르겠습니다.

② A : 首尔　有时侯　刮大风　也　下大雨吗　？

서울은 때때로 센 바람이 불고 또 큰 비가 옵니까?

B : 是，有时侯刮大风．也下大雨。

네, 때때로 센 바람이 불고 또 큰 비가 옵니다.

A : 首尔的秋天怎么样　？

서울의 가을은 어떻습니까?

B : 不冷不热　不但　不常下雨　而且　也少刮大风。

춥지도 덥지도 않을 뿐만 아니라, 늘 비도 오지 않으며 또한 센 바람도 적게 붑니다.

A : 他来没来?

그가 왔습니까? 오지 않았습니까?

B : 他本来想来　，因为　下雨　，所以　沒有来　。

그는 원래 오려 했는데, 비가 와서 오지 않았습니다.

3. 한자에 병음과 성조를 달아보세요.

北京的四季。春暖和，夏热，秋不冷不热。

Běijīng de sìjì. Chūn nuǎnhuo, xià rè, qiū bù lěng bú rè.

有时侯刮大风，不常下雨。

Yǒu shíhou guā dà fēng, bù cháng xiàyǔ.

到长城去旅游过。

Dào Chángchéng qù lǚyóu guo.

因为下雨，所以没有去成。

Yīnwèi xiàyǔ, suǒyǐ méiyǒu qù chéng.

열공! 첫걸음 시리즈

완전 쉬워요~

누구나 쉽게 배우는 외국어 시리즈!

★ 新HSK 1,2급
중국어 첫걸음

★ 열공
일본어 첫걸음

★ 열공
베트남어 첫걸음

★ 열공 왕초짜
중국어 첫걸음

★ 열공
광동어 회화
첫걸음

★ 열공
인도네시아어
첫걸음

한 번에 OK!

한권으로 끝내는 외국어 시리즈~

新HSK로 시작하는

중국어
첫걸음

新HSK 1·2급

저자 장석만
3판 1쇄 2021년 2월 15일
교정 장현미·김혜경
Printing 삼덕정판사

발행인 김인숙
표지·내지 디자인 김미선

발행처 동인랑

139-240
서울시 노원구 공릉동 653-5

대표전화 02-967-0700
팩시밀리 02-967-1555
출판등록 제 6-0406호
ISBN 978-89-7582-595-8

동인랑 에서는 참신한 외국어 원고를 모집합니다.   e-mail : webmaster@donginrang.co.kr